真想让
我爱的人
读读这本书

[英]**菲利帕·佩里** 著　语妍 译

中信出版集团 | 北京

图书在版编目（CIP）数据

真想让我爱的人读读这本书 / (英) 菲利帕·佩里著；语妍译. -- 北京：中信出版社，2024.4
ISBN 978-7-5217-6315-7

Ⅰ. ①真…　Ⅱ. ①菲… ②语…　Ⅲ. ①人际关系学
Ⅳ. ①C912.11

中国国家版本馆CIP数据核字（2024）第008349号

真想让我爱的人读读这本书
著者：　［英］菲利帕·佩里
译者：　语妍
出版发行：中信出版集团股份有限公司
（北京市朝阳区东三环北路27号嘉铭中心　邮编　100020）
承印者：　三河市中晟雅豪印务有限公司

开本：880mm×1230mm 1/32　印张：8.25　字数：164千字
版次：2024年4月第1版　印次：2024年4月第1次印刷
京权图字：01-2024-1296　书号：ISBN 978-7-5217-6315-7
定价：48.00元

服务热线：400-600-8099
投稿邮箱：author@citicpub.com

这本书，

送给那些有足够的勇气写信给我

并说出自己的问题的人

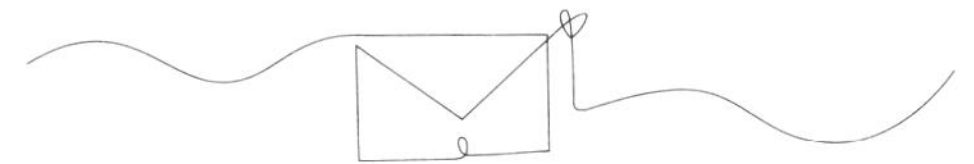

目录

The Book
You Want Everyone You Love* To Read

3. 面对变化：

我们对变化的恐惧往往源于那些未解决的冲突。

——

4. 满足感：

获得更大满足感的秘诀不是拥有更多，而是减少渴望。

——

前言

作为从业多年的心理治疗师，我一直认为，治疗师不应该只在自己的小圈子里讨论理论，而是要把有用的心理学知识传播给大众。从这些年我收集到的来访者的困惑和问题中，我了解到人们最关心生活的哪些方面以及最想寻求哪些问题的答案，所以，我最大的愿望就是把心理学概念和我的观点、经验分享给更多的人。我的写作目标是用更简明易懂的方式来分享这些人生智慧，希望大家都能从中获益。

我既是心理治疗师，也是回答读者问题的专栏作家，在这本书中，我把我对问题的回答做了一个汇总，包括工作中收到的问题，还有日常互动、与人交流、参加活动时听到的问题。

我很喜欢你们的问题，它们都很具体，从中能看到人和人之间的差异。每个人都是独一无二的个体，但我发现在差异中又存在着一些固定模式和共性，我可以将常用的策略与技巧应用到这些问题上。每个问题都给我一些新的启发，通过阅读这本书，相信你也能有所顿悟。

我们从童年开始形成信念系统[1]，发展出适应能力，帮助我们应对早期的环境。有时我们甚至意识不到自己正在运用这些系统，根据最初的世界观来做决策和与人相处。随着年龄的增长，我们逐渐认识更多的人，体验更广阔的世界，我们的信念系统和应对方式不再如年少时那般适用，而是让我们陷入旧的思维方式和行为模式。我希望这本书能帮助你了解自己早期的信念系统和适应系统，能够清楚地觉察到它们在哪些方面对你有帮助，哪些方面又需要尽快调整。我们对自我的觉察就像在地图上找到自己所在的位置，如果不知道起点，就无法弄清楚如何到达想去的地方。重要的是要了解我们是如何对外界发生之事做出反应的：愤怒是怎么来的？我们为什么总要猜测别人的想法？我们是怎样进行内心对话的？当我们弄清楚自己在做什么以及如何做时，我们才会知道自己需要改变什么。

人们第一次接受心理治疗时，通常都只是想聊聊别人，因为大部分人觉得自己的问题是由别人引起的。每次我都会这样说：我们对别人无能为力，但我们有能力控制自己。许多人都不知道，我们是有这种能力的：我们可以改变自己的反应方式

1. 信念系统是一个人从出生到死亡期间建立起的世界观、人生观和价值观，每个人都有独一无二的信念系统，而且信念系统不是一成不变的，会随着人的成长和环境的变化而发生变化。——编者注

和回应方式，也可以改变自己的信念系统、习惯性反应以及对事情重要程度的判断。当然，改变需要时间，新习惯的养成也需要时间，但我们可以尝试着一点点做出改变。要知道，我们对生活的掌控力要远远超出我们的想象，我们有能力控制自己的想法以及想法的走向，即使在我们最无助的时候，我们依然有能力选择自己的思维方式，选择如何“管理”自己的身体以及如何与他人相处。这里所说的“管理”身体是指觉察到自己身体的哪些部位持续紧张，哪些部位过度劳累。比如，现在感觉一下你的下颌，肌肉是松弛还是紧张？再感觉一下你的呼吸，是深还是浅？

有时我们可能会问自己一些无用的问题，比如我们总是在问“为什么”，因为我们是意义的构建者，要从叙事[1]中寻找意义。“为什么某人要和我分手？”“为什么我的孩子不听话？”“我为什么这么不开心？”我们需要故事和解释，如果不能了解原因，就会产生很大的心理负担。但遗憾的是，问自己“为什么”不会有任何帮助，真正的解决之道是学习“如何做”。

这本书将分四个部分讲解“如何做”，包括“如何去爱”“如何争论”“如何面对变化”“如何获得满足感”，你可以

1. 在心理学中，叙事并不是简单意义上的说故事，而是讲述自己是谁，曾经发生过什么事。不同的人会有不同的人生叙事，叙事提供了一个框架，可以帮助人理解过去，构想未来。——编者注

把它们当作单独的问题去看，但其实它们是相互关联的。

作为心理治疗师，我发现每个人都在按照自己的方式和节奏成长，每个人都想做自己或尝试着成为真正的自己，而不是由别人告诉自己应该成为什么样的人。所以，我会按照这样的原则给你提供方法。我认为一个好的建议应该是这样的，就是把你已经认识到但还没办法说清楚的事情，用清晰的语言给你描述出来。没有人能保证自己永远正确，包括我在内。如果你遇到一个认为自己总是正确的人，那你要提高警惕，因为“永远正确”的人会以某种方式把你带到错误的路上。

如果需要我给出一个建议，我想把苏珊·杰弗斯[1]博士的建议送给你，她曾说过：你本来的样子已经足够好，你是一个强大而且富有爱心的人，你走的每一步都是在学习和成长。

换句话说，你可以接纳你现在的样子。当某些事对我们有影响时，我们可能不知道它是如何起作用的，了解这一点会对我们有帮助。我们总是善于给自己制造问题，我经常听到有人说：“我不太会处理人际关系。”“我是一个糟糕的朋友。”“我不够聪明。”“我性格内向。”……你一定也听过或说过这样的话吧？其实，我们不需要这样评判自己。是，我们都犯过错

1. 苏珊·杰弗斯（Susan Jeffers），美国心理学博士，以其对恐惧心理的深入研究，帮助畏缩不前的人们发掘内在的力量，摆脱困境。——编者注

误，但这些错误并不能代表我们。我们可以从中学习，然后再犯新的错误，再继续学习。我们总是不知道自己真正想要和需要的是什么，所以，当我们达成心愿时又发现这不是自己想要的。我们可以及时纠正错误并从中吸取教训，然后做出新的决策。这个决策在一段时间内是正确的，但过一段时间，我们需要做一次调整，不到最后一刻，我们永远不能说现有决策是对的。在这个过程中，我们需要不断尝试，不断探索，不断更新。不必因为一时的错误就对自己做出负面评判，就像一个法官在法庭上敲下宣判的法槌，那对自己或他人都没有任何帮助。从现在起，停止评判。其实大家都一样，都是脆弱的人，学会承认脆弱，要比戴上假装强大的面具更能表现出力量。

最后，我希望你读这本书是为了享受，也许这听起来微不足道，但其实享受生活才是我们最应该优先考虑的事情。如果在享受的同时，你还能有所收获，哪怕只有一点点，也达到了我写作这本书的目的。

读完这本书请告诉我，我是否做到了。

1.
爱的本质是被看见

我们之所以能和
特定的人发展友谊
甚至爱情，往往是
因为被看见的
强烈体验。

我们的社会文化越来越强调独立的重要性，对于“现代独立女性”的刻板印象也无处不在，但我认为，我们从来没有真正地独立：从收割粮食到物流运输，从自来水的供应到房屋的建造，我们生活的方方面面都要依赖他人。认为人生存于世可以完全独立，那是错误的观念。就像我们需要别人提供饮用水一样，我们也需要别人的陪伴——即使有些人总是试图通过训练来摆脱这种需求。

和其他生物不同，作为人类，我们在出生的时候，各方面都不成熟，都是在与我们生命早期的照顾者的关系中发展起来的——我们的自我意识、身份认同、需求和个性特征是基于我们被照顾的方式而形成的。精神分析学家、儿科医生唐纳德·温尼科特（Donald Winnicott）说：“从来没有婴儿这回事，只有婴儿和母亲。”也就是说，当你看到婴儿的时候，一定会同时看到照顾他的母亲。人类是一种需要连接的生物，连接让我们觉得自己是更广阔的世界的一部分。这种连接通常是与人的连接，也可以是与想法、环境、物品的连接。

我曾经接待过许多寻求心理治疗的来访者，我发现，无论他们出现的问题是什么，其根源都来自他们的关系：过去的关系影响了他们的信念系统以及他们与自己的关系，或者他们被与他人的关系所困扰。所以，我决定从我们如何与他人建立连接开始写这本书，因为这是我们人生中最重要的部分。一个人在临终之前才会醒悟，他生命中最重要的东西就是他的关系，这种关系通常是指与他人的关系。

人是很复杂的，拥有各自不同的文化背景，比如日常习惯、家人之间的互动方式、语言、行事方式等，所以人与人之间的关系也是很复杂的。我们都有不同的信念系统以及相互合作的方式，需要找到一种行之有效的方法，帮助你和他人构建良好的关系。要做到这点绝非易事，这就是本章希望能解决的问题。

真正的归属感不需要你改变自己

★★★

感受到与他人的连接，是人的本能需求。我们不仅需要与他人连接，还需要与想法、物品和环境连接，我们需要感受到自己归属于某种事物——通过有意义的深谈、公共汽车站的闲聊，或者通过读书、看电视。这就是我们沉迷手机的部分原因：手机为人们提供了与他人保持连接的便捷途径，能够让人释放大量多巴胺（一种让我们“感觉良好”的激素）。

然而，如果我们与外界唯一的连接方式是电子设备，我们就有可能陷入抑郁，因为我们需要更积极的连接方式，让我们与另一个人之间产生相互影响。如果缺乏这样的连接，我们的心理健康将会受到损害。与现实生活中的人的连接非常重要，我们都希望有人能带给我们良好的感觉，需要有人认同我们对自己的看法，希望能在别人眼中看到更好的自己。生活中的人就像一面镜子，让我们从中看见自己。别人对我们的反应，就是检验和平衡我们心理健康的方法之一。

但要注意的是，过度连接也有危险。要解释这一点，有个很形象的比喻：好比我们有许多挂钩，如果没有主动伸出挂钩，其他人就无法“挂”上来，与我们产生连接，我们也无法与任何人连接，那我们就会感到被孤立，觉得孤独。但如果我们伸出所有的挂钩，毫无选择地连接上所有人、所有事，那么个体的连接就失去了意义，我们要不断地应对一个又一个人，从一个想法跳转到另一个想法，努力地想抓住其中有意义的那个。当你能轻易地连接所有事物时，你会发现最终你和任何事物都没有连接。我们在生活中都遇到过这样的人，他们精力分散，你很难跟上他们的节奏，也很难和他们好好相处，因为你总觉得他们没有把全部注意力放在你身上。这就是所谓的狂躁状态，有时狂躁是有益的，对有些人来说，它能激发创造力，但从长远来看，这是一种不可持续的状态。

像许多事物一样，我们需要找到一个平衡点。如果我们只用几个挂钩——注意，不是全部，是其中几个——去钩住我们关心的人和感兴趣的事物，我们就可以集中精力深入地了解他们/它们，比如利用业余时间做自己真正喜欢的事情，或者和新认识的好友敞开心扉交流，花一些时间了解他们的价值观，看看是否和我们的价值观一致。我们最终选择留在身边的，应该是那些带给我们积极感觉的人。当我们遇到挑战时，他们会坚定地站在我们这一边，让我们受到鼓舞，而不是感觉更糟。

在任何大的群体（比如学校、工作场所、社会团体或大家庭）中，都会自然而然形成子群体，这无所谓好坏，只是人类社会的正常行为。我们与一个人或几个人接近，就意味着形成了一个子群体，在某个子群体中找到自己的位置，可以让我们产生认同感与归属感。每个子群体都有自己的互动方式，我们会在群体中效仿他人，以确定我们**是**什么人，同时也会与群体之外的人保持不同，以确定我们**不是**什么人。

这就是为什么成为群体的一分子如此重要。我们如果发现自己被群体排斥，就会感到很痛苦。有位女士写信给我，她正被归属感的问题困扰，生完孩子后，她的社交圈似乎变得越来越窄，生活中只有丈夫和孩子。

> 我今年32岁，刚刚做了妈妈，有一个活泼可爱的宝宝，我很爱他。现在我正在休产假，丈夫对我很好，也很爱我们的孩子。
>
> 我们有一些好朋友，但他们都是我丈夫的朋友。我偶尔会在妈妈群里聊天，但我不知道怎么和那些妈妈成为朋

友。我希望在这个群体里能交到新朋友，但是我感觉她们自成一个小团体，彼此激烈竞争，就像在学校时一样。和那些妈妈比，我很寒酸，买不起高档婴儿用品，也舍不得报名各种活动和课程。她们还曾经约着去一个妈妈家里烧烤，那次我也去了，到了那里我发现是一座豪宅，这让我感觉更自卑了，因为我现在住的房子是租的，而且很小。

读大学的时候，我把精力都放在了学业上，很少与人交往。那时的我习惯了独来独往，可是现在我当了妈妈，我担心如果我不尽快融入妈妈群，会影响到我的孩子，我怕他也像我一样交不到朋友，将来没有小伙伴一起约玩。我多想给他创造更多快乐的机会呀。

在我看来，这位女士是可以处理好人际关系的，因为她已经拥有两段最好的关系——和她的孩子、丈夫。她的问题也是我们每个人经常会出现的问题：发现自己很难与人建立连接，就开始找借口。别人邀请她去家里聚餐，她感觉很自卑，于是把这种自然形成的子群体视为“小团体”或“圈子”，认为她们在刻意地互相竞争，想要一分高下。通过分析别人的行为而不是自己的行为，她为自己无法改善人际关系找到了借口。我们

每个人都需要找到归属感，

归属于一个家庭、一个项目、

一个社区，或者归属于另一个人。

归属感是渴望与他人建立连接的需求，

是心理上的安全感和确定感。

如果你觉得很难融入一个群体，

那是因为你总是试图表现出

自己并不具备的特质。

不能控制别人的行为，但我们可以控制自己的行为。首先思考一下我们在这个困境中扮演的角色，如果没有在群体中找到归属感，我们该如何改变这种局面？我们究竟做了些什么，让我们觉得自己太过优秀或是太过卑微，以至于无法融入？

坦白讲，我觉得这位女士其实根本不想结交新朋友，她很满意自己已经拥有的人际关系，但她焦虑的点在于，她想为了孩子而不是自己去交朋友。并不是每个人都需要有一定数量的朋友，有些人只需要和少数几个人相处就够了，这位女士就是典型的例子。

如果不是为了获得幸福和亲近感与人建立连接，那怎么可能结成真正的同盟呢？我们需要鼓起勇气，敞开心扉，向别人袒露自己的弱点，并在别人脆弱的时候给予关心和支持。并不是要和别人完全一样，才能真正理解别人，同时也被别人理解。我们不必有相同的感受，相同的身份，甚至相同的观点，但我们要敢于示弱，分享自己对世界的体验，对事物的感受、反应和想法。我们也需要以开放的心态接受他人的影响，这样才能更深入地共情他人，理解他人，同时也被他人理解。

归属感是先属于你自己，表达真实的自我，讲述你的故事，永远不要为了别人而扭曲自我。真正的归属感不需要你改变自己，不需要伪装成你认为自己应该成为的人，也不用成为你认为别人希望你成为的人，你只需要做真正的自己。如果你总是担心自己让别人失望，觉得自己应该这样说，不应该那样做，那只是为了满足别人的好恶，是适应别人，是勉强融入，而无法让你获得真正的归属感。

总是焦虑自己给别人留下什么印象，会阻碍我们与他人建立连接，摆脱这种感觉的方法是，对你所遇到的人产生兴趣，这意味着把注意力从对自我的关注转移到对他人的好奇上。如果我们能做到这一点，我们就很容易为别人开心，而不是被他们消耗。

增进连接的方法之一就是只专注于当下的对话，在对话中解决问题，而不是一定要在对话前做好所有准备。这意味着不要提前过滤你的想法，你可以直截了当地告诉别人“我想了解你”，或者在你不确定别人的反应的情况下，试着表达自己的一些“惊世骇俗”的想法。如果你想知道这段关系究竟是怎样的，那就直接去弄清楚，不要在心里反复琢磨、猜测、自说自话。如果你不确定别人是否能接受你，那就做真实的自己，大胆分享。这是人际交往的万能法则吗？当然不是，这是有风险的，但是你值得冒这个风险。如果我们只是在想象中与别人建立关系，猜测别人会如何回应自己，那就无法建立真正的关系。给我写信的女士谈到妈妈群是个小团体，视她们为竞争对手，觉得自己不如她们有钱，这说明她并没有真正和妈妈们建立关系，她只是想融入她们却又发现自己与她们差别太大，这并不是连接的方式。

如果你已经在别人面前展示了真实的自己，却发现仍然无法归属于一个群体，也许你可以试着去寻找真正的同类人群。刚从小镇搬到伦敦的时候，我也曾感到茫然无措，我觉得自己不属于这里，因为没有找到和我投契的朋友。如今我在伦敦生活得舒适自如，加入了很多社团，也交到了很多要好的朋友。搬到一个新的地方，首先要多交朋友，这样你就有更多的机会遇到真正与你志同道合的人。也许你现在还没有找到同类，那是因为你还不确定真正的自我是怎样的，还没有真正做自己。

———

为什么
有时候建立关系如此艰难

★★★

这些年我经常收到读者来信，信中谈到他们自以为是的伴侣、爱取笑人的朋友、长大后仍然试图控制他们的父母、独断专行的老板和尖酸刻薄的同事，这些人用各种形式的“微攻击”[1]打击着他们的信心，甚至会让他们怀疑自己。有时候，我们选择结束一段关系，是因为这段关系确实难以维系。

有位女士在疫情期间结束隔离后写信给我，说她经过长时间的隔离后，发现自己很难再回到正常生活。

1. 微攻击（microaggression），也就是不易被人察觉的微妙的攻击行为。微攻击不同于普通攻击，并没有露骨的攻击意味，泛指日常互动中的轻视、侮辱、贬低以及边缘化某类成员的言语或举动。这样做的人有可能是故意的，也有可能根本没意识到自己冒犯了别人。——编者注疫情暴发时，我整整居家20个月，现在刚恢复正常社交。由于身体原因，我刚刚接种疫苗，因此我很担心自己感染病毒，只能远离人群。疫情期间我感染过一次，差点危及生命，幸运的是我挺过来了，但这次经历也让我发现自己是多么的孤独和脆弱。

我被公司辞退，最近一直在找工作，面试几次都被拒绝了。有的公司没拒绝，但是也并不重视我，给我开出的条件很低。

曾经我认为牢不可破的友谊，现在也让我非常失望。同事和朋友看到我现在失业，觉得我没什么价值了，都不再和我联系。我在生活中完全靠自己，人际关系对我来说毫无意义。

我今年39岁，早已放弃了恋爱结婚的想法。男人总是想在第一次约会时就知道你是否对他有意，而我需要花很长时间才能确定自己的感受。我对亲密关系没有太多要求，平时互相发发消息，一起散散步、聊聊天，偶尔约会，出来吃个饭，就足够了。

通往外部世界的大门也许是敞开的，但对我来说，迈出这一步是如此艰难。

长期的孤立和孤独，会使我们对他人产生高度警觉，不再信任他人。如果某件事发生过一两次，我们就会把它当作一种固定模式，认为之后会持续发生这样的事，然后我们就会因此而畏缩，过度保护自己，以避免它再次发生。我们害怕被一再拒绝，因而变得警惕又脆弱。人类是群居动物，如果一个群居动物被从群体中带走并隔离在外，当他再次返回群体时，往往很难融入。他只会躲在边缘地带，不敢冒险，继续保持相对孤立的状态。科学家已经用老鼠和果蝇做过相关实验，我认为就本能而言，人类也没有太大不同。

如果我们在约会或与朋友相处时有一些不太愉快的经历，我们就会很自然地把这当成一种常态，认为与人交往都会是这样的，从而证明人类在某种程度上是不友善的，人际关系是毫无意义的。我们会找一些听起来非常合乎逻辑的借口，就像写信给我展示各种证据的那位女士一样。当我们保持一段长时间的孤立状态后，出于本能不想再结交新朋友，我们会用很多推断来支持这种本能，而这样的推断是有害的。

面对这种恐惧和不信任的感觉，我们可以做两件事：一是被这种感觉支配，远离人群，躲到安全的角落里；二是允许自己感受恐惧，并想办法克服。如果我们躲起来，就会不断助长恐惧；如果我们直面恐惧，采取行动，再次建立关系，重新开始与人的磨合，恐惧反而会逐渐消失。

有一种常见的认知陷阱是“非黑即白”。比如我们经常说：没有人会关心别人；每个人都只为自己着想；任何友谊都没有意义。这些说法的共同之处在于“两极分化”，认为人生不是1就是10，不存在2到9之间的任何可能。要辨别哪些说法是“非黑即白”，就看有没有诸如“每个人”“百分之百”“没有任何人”“从来不”这样的表达。这都是你基于过去的经历形成的一种偏执的看法，是一种假设和想象，你需要在了解事情全貌之后进行理性思考，而不能情绪用事。我在其他书里说过，现在再说一遍：不要把熟悉的事物当作真理。

如果一定要假设和想象，建议多往好的方面去想，比如，你可以说：每个人都很有魅力，很聪明；大家都很喜欢我。当然，这不一定是真的，但你可以训练自己相信这些想象，因为它们会影响你和别人在一起时的气场以及别人对你的感受。

你对别人的任何假设，都可能成为自我实现的预言。试想一下，你去参加一个聚会，走进会场时心里想着“没人喜欢我，没人愿意和我说话，人际关系毫无意义”，这样的想法会如何通过你的肢体语言表现出来？你会给人带来什么样的感觉？你可能会躲在角落里，避免和人进行眼神交流，在任何谈话中都保持警惕。但如果你这样想：“这里的每个人都幽默风趣，很有吸引力，他们都对我印象不错。我也很幽默，有魅力，又有价值。我想跟他们聊聊我的想法，我也很想知道他们在想什么。”这

我们总是会情不自禁地猜测别人
对我们的看法，如果一定要
猜测，不妨就设想成好的，
这可能不会改变什么，
但会让我们的心平静下来。

样的想法会如何通过你的表情、肢体语言、眼神和你散发的气场表现出来呢？显然，这会让你更容易接近，更友好，更具亲和力。

很多时候我们不相信“人性本善”。我们总是习惯在想象中与他人建立关系，想象别人的动机、想法和感受，而且都是往最糟糕的方面去想，但这些其实从来没有在现实中得到过验证。所以最终我们成了自己的迫害者，却还为此责怪对方。我们都曾这样做过，从现在开始，跳出你习惯了的思维定式，用积极的心态看待别人，这样你就能放松下来，减少焦虑。我们和果蝇相比有一个优势，那就是我们能认识到自己的本能，了解它，并超越它。我们可以由理性引导行动，而不是由本能。

改变信念系统能给我们带来很大的变化，关键是要意识到什么样的行为意味着对他人的主观设想，判断标准是：你是否只挑选支持你设想的证据，而不是全面观察；你是否在使用“非黑即白”的说法。如果你把对别人的消极想象换成积极的，把你的信念系统从“每个人都很糟糕”变成“每个人都亲切友好”，这会通过你的面部表情表现出来，最终改变你的人生。我尝试这样做过，我的来访者也试过，效果非常好，所以我强烈建议你也试试。也许你做起来很容易，也许你还需要勇气去改变。把注意力转向希望，去寻找证据来证明有些种子一定会发芽（但如果你不播种，就一定不会发芽）。

现在，和我一起读："每个人都很有趣，充满魅力，包括你和我，我们都很高兴见到彼此。"如果你已经习惯了"不值得为任何人投入精力"这样的想法，那么你需要加强练习，因为之前的想法是你反复练习过的。现在，是时候升级到下一个自我实现的预言了。生命只有一次，一定不要做一只果蝇。

不确定的情感状态
反而令人上瘾

★★★

童年时寻求爱的方式以及父母对此的回应，为我们成年后建立亲密关系奠定了基础。我们总是想寻找能带给我们和当年的照顾者在一起时的那种感觉的伴侣。人们常说爱的感觉就像“回家”一样，回到我们熟悉的地方。那种熟悉感很难用语言表达，却会给我们造成困扰，让我们以为这种感觉就是对的。有一天，当我们遇到能带来这种感觉的人时，立刻就会与之碰撞出爱的火花，因为我们误以为熟悉的感觉就等于美好的化学反应。有位给我写信的女士就遇到了这样的情感问题。

在我和前男友交往的前三年，我们的感情都还算稳定。

可是从他向我求婚那一天开始，我感觉我们之间的关系反而越来越疏远。我约他一起去做情感咨询，但无济于事。和咨询师面谈的时候，他说的一些话到今天仍然刺痛我。比如，他说和我相处就像面对一个哭闹的孩子，让他很想逃离。他对我变得越来越冷漠，我很担心我们的感情会这样恶化下去。

我们的结婚计划暂时搁置下来。他和朋友一起组织了一个大型聚会，没有事先征求我的意见，也没有邀请我参加。这件事成了压死骆驼的最后一根稻草，我彻底绝望了。在他又一次冒犯我之后，我说我们还是分手吧。可等我冷静下来，我又有些后悔，我想收回那句话，但他拒绝了。从那以后，我们再没见过面。

我现在事业发展得很好，生活也还可以，但我的内心总是有一种隐忧。我担心我再也不会遇到如此吸引我的人。我多么希望他能回来找我，对我说，他很怀念我们那段感情。和他分手后，我也和别人交往过，但我再也找不回从前的感觉。

在我看来，这位女士的前男友属于心理治疗中常会提到的

“回避型依恋”，这意味着他不喜欢和别人过于亲密——他可能以为自己喜欢，但实际上他并不喜欢。回避型依恋的人害怕承诺，一旦需要他做出承诺，他就会开始逃避这段关系。形成这种依恋类型的原因通常可以追溯到童年时期的体验和家庭环境。在婴儿与母亲建立依恋关系的重要时期，婴儿的正当需求被母亲忽视，之后他就会从主动提出需求到不再提出需求，进而疏远母亲。当父母或主要照顾者未能提供情感支持、缺乏情感表达时，孩子就会下意识地决定（甚至在他学会说话之前）永远不依赖任何人。这种在早期环境中帮助孩子进行自我保护的防御机制，在孩子成年后就变成了构建亲密关系的障碍，变成一种自我破坏。我们可以这样假设：这位女士的前男友在某种程度上认为，人对于连接的需求是可怕的和/或令人厌恶的。

另一方面，写信的女士有可能是心理治疗师所说的不安全依恋模式中的“焦虑型依恋”。这种类型的人在成长过程中体验到的主要情感之一就是“渴望”——小时候，他们渴望父母的关注；成年后，他们把渴望当作爱来体验，因为这让他们产生了熟悉的感觉：早期的照顾者点燃了他们的渴望，却没有提供安全感。听起来可能有些费解，可以想象一下蹒跚学步的孩子对父母的情感——混杂着依赖、绝望和渴望。焦虑型依恋的人总是忧心忡忡，他们的内心住着一个婴儿或蹒跚学步的孩子，不断地在渴望，可是回应他们的人忽冷忽热，他们的心情就跟着起起伏伏，于是更加深了他们的渴望。

焦虑型的人通常会被回避型伴侣吸引，因为回避型伴侣总是逃避承诺，这就为焦虑型的人提供了渴望连接、渴望被爱的机会，就像童年早期对照顾者的那种无意识的渴望一样。焦虑型的人渴望伴侣的承诺，会因为没有得到回应而紧张不安，回避型伴侣越逃避，他们的渴望就越深，投入的就越多，从而形成一种追与逃的关系模式。如果小时候没有得到恰当的照顾，我们在心理上就会认为这是一件未完成的事，所以我们会寻找以同样方式对待我们的伴侣，希望这次能成功，给未完成的事画个圆满的句号。所以，一个不能承诺天长地久的人，反而会点燃焦虑型的人的激情。对他们来说，爱情令人上瘾之处就是这种不确定的情感状态。

需要注意的是，任何人都无法选择自己的依恋风格，因为我们与他人形成连接是一个无意识的过程，而且我们也不可能永远保持一种风格不变，不过，当你意识到这一点时，你就可以选择摆脱它的影响。我相信给我写信的这位女士以及和她类似的人最终都能从痛苦中恢复。如果你也面临同样的处境，我的建议是，回忆一下你对早期照顾者的依恋模式，看看你现在的人际关系是如何触发你过去的记忆的：你必须很努力才能得到父母的认可吗？你欣赏的老师从来没有赞美过你吗？你是否曾经迷恋过不可能跟你在一起的人，比如对方对你没感觉或者

仅仅因为习惯了

以某种方式思考或感受，

我们就会把熟悉的事物误认作真理，

其实熟悉的并不意味着就是正确的。

已婚?

如果你发现自己陷入了无望之爱的模式，我建议你认真审视一下你的渴望。当你深陷其中时，你渴望的其实就是自己。向后退一步，用客观的心态看待你的渴望，你会发现你喜欢的类型并不是你真正喜欢的。你的伴侣不应该是那种让你永远处于不确定状态的回避型的人，而应该是一个可信赖的、可靠的、实实在在属于你的人。这种人就属于我们通常所说的“安全型依恋”。你可能不会对他一见钟情，因为他不像回避型的人能带给你那种熟悉的感觉，但他情绪稳定，踏实可靠，和他相处，你不会立刻到达情感巅峰，但同时也不会跌入谷底。随着时间的推移，你们会变得更加熟悉彼此，从相互陪伴中获得细水长流的满足感，慢慢地一起进入恒定、持久的情感状态，而不是只能依靠间歇性的情感强化带来短暂的兴奋。

———

不期待，不假设，不强求

★★★

关于如何建立和保持连接，每个人都会有自己的倾向和习惯。在一段关系中，我们愿意为别人付出多少，应该如何与别人相处，哪些是可以接受的，哪些是不能接受的，什么是忠诚，什么是不忠，对于这些问题，每个人都有自己的准则。如果你被别人拒绝，有可能对方并非故意，只不过是你先假设别人和你有同样的交友准则，而如果假设和期望与实际不符，你就会感到很受伤。

我收到过很多读者来信，都是关于两个曾经很亲密的朋友的，后来其中一方似乎背叛了友谊。比如下面这封信就是典型的例子，一位女士详细描述了她的朋友到美国工作后两个人之间发生的变化。

我和我最好的朋友断交了。

我们是读大学时认识的，当时她来英国做交换生。我们有很多共同的兴趣爱好，性格又很互补。我们之间没有秘密，可以说无话不谈，什么事都会互相分享。

我很珍视这段友谊，把她当作生命中最重要的人。六年前她去美国工作了，虽然距离遥远，又有时差，但我还是像以前一样，每天跟她分享日常，把我的心事都讲给她听。

她刚到美国的时候，我们的联系还是很紧密。我跟她倾诉烦恼，她每次都会耐心地开导我，有时候还打电话过来安慰我。有许多事连我的家人都不知道，我只会和她说，因为我觉得她是世上最懂我的人。

我本以为我们是一辈子的知己，没想到还是败给了时间和距离（或者其他原因）。三年前的一天，我像往常一样，在遇到烦心事的时候给她留言，我发了一长串的话，却没有收到回复，我想也许她正在忙，顾不上看手机，可是没过多久我看到她在社交媒体上发了动态。一周过去了，她还是没有回复我，我盯着自己发过去的那些文字，突然有种不真实感，对面的那个人，真的是我认识了十几年的好朋友吗？

那次之后，我没有再给她发过信息，我想，如果她确实是有什么不便之处才没回复我，隔段时间她应该会来主动问问我的消息。可是，一个月、两个月过去，一年、两年、三年，直到今天，她就像人间蒸发一样，从我的世界彻底消失了。

前几天我从大学同学那听说，她嫁给了跟她一起去美国的男朋友，生了一个孩子，后来又回到自己的祖国。发生了这么多的人生大事，她却没有跟我讲过，说明她早就不把我当作朋友了。那次的“不回复”是个转折点，而我还一直残留着希望，希望这一切都是个误会。

我给她写了一封信，对她说我很难过，也很痛心，我想不通她为什么这么对我。可是这封信我始终不敢发出去，我怕她还是不回复我，或者告诉我一些可怕的真相。

我要把信发出去吗？

人们对于友谊有着各自不同的倾向。有些人会和小学时的好友保持几十年的友谊不变，而另一些人更倾向于和当下生活中的人建立友谊，和过去的朋友则渐行渐远。这些倾向没有优劣之分，也无所谓道德不道德，这都是我们出于本心选择的生活方式。

如果你很注重维护异地的朋友关系，那么你很可能就像那位写信的女士一样，当你的朋友搬到异国他乡后失去联系，你会感到失落，觉得自己受到了伤害。这里一定存在着某种误解，如果你找不到原因，你只会认为对方很残忍，或者一定是你在某些方面不讨人喜欢。其实，最有可能的原因是，对方和你有不同的交友倾向，她更愿意和当下生活中的人交朋友，而不是一直抱着过去不放。如果你告诉她，你因为她不再联系你而感到受伤，她一定很困惑，因为她对友谊的看法的确与你不同。

还有些人会把最好的朋友看作生命中的另一半，当对方真正重要的另一半出现时，这段友谊就会受到考验。如果两个人都是如此看待对方还好，但如果只有其中一方认为这段友谊是一生情缘，而另一方认为友谊可以被浪漫的爱情取代，那就会有人受到伤害。成为别人生命中最重要的人，会带来太大的压力。我们的生活都在不断变化，优先事项也在随之改变。

尤其是随着年龄的增长，我们的社交欲望会逐渐减弱，不愿再勉强自己适应别人，每次外出聚会都要做心理建设，不像年轻的时候那样有着过盛的精力，渴望尝试新事物，认识新朋友。年龄大了之后，每个人都会有一些老关系、旧习惯，个性也很难再改变，人与人的心理状态完全不同，想要的东西也不一样，很容易就发生分歧，建立关系将是一个更复杂的过程。年轻人还能彼此适应，共同成长，维护友谊，而年龄大的人更注重自我，很难形成紧密的依恋（不过也并非不可能）。

你以为自己喜欢的类型 未必就是你真正喜欢的

★★★

作家娜奥米·阿尔德曼（Naomi Alderman）说，拥有伴侣的意义在于，有人见证你的人生。当然，很多单身人士也过着幸福而成功的生活，但和伴侣一起生活是一种不同的体验。《醉饿游戏》（*The Hungover Games*）的作者索菲·希伍德（Sophie Heawood）曾经作为单身母亲生活多年，她说她最近意识到，一个好伴侣能给你带来安全感：无论外面的世界如何变化，如何不可控，你知道家里永远有一个人在等着你，无论如何他都会爱你、支持你。

花几个小时用谷歌搜索一下，就会发现很多关于亲密关系有助于健康和幸福的研究。对我来说，拥有伴侣的原因之一是与你所爱的人建立一种平等互助的关系，这个人完全接纳并爱你本来的样子，包括你的缺点，你的一切。在这样的情感滋养下，我们可以健康成长，有更多的勇气面对生活，愿意无私地付出爱，不仅是对我们的伴侣，还有我们生命中的其他人。找到相爱的伴侣对我们的人生而言是一件锦上添花的事，就像给制作精美的蛋糕再加一层糖霜。如果你更喜欢没有糖霜的蛋糕，也是不错的选择。

在我收到的读者来信中，询问最多的就是关于如何找到完美伴侣的问题，特别是在当今的网络交友时代。我在这里选取其中一封，写信的男士正在为这个问题纠结和烦恼。

我有过几段短暂的恋情，也约会过很多次。不久前，我谈了一段恋爱，感情发展得比较顺利，可就在我们计划结婚的前一天，女友突然向我提出分手。我只好再一次登录交友网站，在六个月的时间里给47位女性发送我的个人资料——我今年35岁，身体健康，瘦高个子，相貌普通，能说会道，幽默风趣——但却没有得到任何积极的回应。这让我彻底绝望。

虽然内心有点着急，但我还是想坚持自己的择偶标准。我不考虑年纪比我大的女性和情感经历过于丰富的女性，我也不想相亲，按照这样的标准，我恐怕找不到合适的人了。

我和上一个女友交往了很长时间，她突然提出分手，没有给我任何理由。这对我来说是毁灭性的打击，也让我意识到，我有可能会孤独终老。

人们常说“每个人都能遇到适合自己的人”，我现在根本不相信这句话，显然事实并非如此。我是否应该就此放弃，接受命运的安排？或者，虽然明知一再失败有损我的自尊和心理健康，我还是应该再努努力，希望有一天能遇到那个特别的人？

———

我发现人们常犯的一个错误是把网络交友当作购物，通过滚动鼠标和滑动屏幕来寻找完美的伴侣，就像在寻找一条心仪的牛仔裤。我很遗憾地告诉你，完美伴侣并不存在。建议写信的这位先生试着保持一个开放的心态，接纳更多的“未知”，而不是急于给别人下定义，然后断言自己是否能和她们相处。放下对他人的评判（隔着屏幕都能感受到信中浓浓的评判意味），不要把人放在条条框框里。还是我之前说的：你以为自己喜欢的类型未必就是你真正喜欢的。

在这个网络交友时代，我们很难做出承诺。当我们要确定

（decide）一段关系时，我们就会想要结束这段关系（decide中的cide这个后缀来自拉丁语caedere，意为“杀死”或“摧垮”），因为我们有太多的选择，而对一个人做出承诺就意味着切断了其他选择的可能性。人的本能是想拥有一切，如果和一个人确定关系，就不可能再与其他人发展关系。我们害怕做出错误的决定，所以迟迟不肯表态。

美国心理学家巴里·施瓦茨（Barry Schwartz）曾经做过一个实验，研究做选择如何影响我们的感受。研究表明，当人们有六种巧克力可供选择时，他们能很快做出决定，并对自己的选择感到满意。而当他们有一百种巧克力可供选择时，大多数人不会选择自己本来最喜欢的那一种，而是纠结于所有选择，无法做出决定。当他们最终选定其中一种时，满意度要远低于只有六种选择时。施瓦茨还发现，面对选择，有些人是“最大化者”，有些人是“满足者”（“满足”从字面来看就是“满意”加“足够”：一旦找到满意的对象，便觉得已经足够）。前者坚持追求完美，必须做出最佳选择；后者则抱着“差不多就行了”的心态，见好就收。你猜这两种人谁总体上更幸福？没错，是满足者。我们总觉得未来还会碰到更好的，因此难以在当下这一刻做出决定，这很正常。然而，学会接受“足够好”的选择，你就不会因为高昂的搜寻成本而减少从最终的选择中得到的满足感。提醒自己关注现有的选择有多好，也可以让心

有时人们会通过
不做决定来避免犯错，
但不做决定也是一种
要承担后果的选择。

情变得更好。一旦做了不可逆的选择，你就可以把更多的精力放在改善已有的关系上。而如果你是一个最大化者，你就会陷入持续的自我批判、自我修正以及无止境的焦虑、后悔和怀疑中。

如果你正在约会，并且正在为寻找完美的伴侣而苦恼，我建议你先找一个接近理想的人。把爱看成一种享受，而不是一项任务。不要认为你只是一个选择者，也要允许自己被别人选择。你需要适应这种不确定的感觉，放松心情，开心地享受每一次约会，而不是把约会当成面试。敞开心扉，做你自己，把享受放在第一位。

听人劝的后果

★★★

我收到了一位24岁的会计师的来信，他正在攻读硕士学位，同时在一家管理咨询公司兼职，信是这样写的：

我最近通过交友软件认识了一个女孩。她和我年龄相仿，我们已经交往了两个月。她很有魅力，人也很好，我们在一起的时候很开心。

不过，最近我们的关系出现了一些危机。她已经25岁了，可仍然和父母住在一起，似乎也没有打算搬出去独立生活。此外，尽管她有稳定的收入，但她从来不分担家庭开支。我知道现在房租很高，所以年轻人更愿意和父母住在一起，可是她既没打算深造，也没打算在事业上进一步发展，可以说对未来毫无计划，她是个“月光族”，赚来的钱全都花在了和朋友出去玩、度假和个人爱好上。

我的朋友和家人都觉得她挥霍浪费，如果我们将来搬到一起住，她会花光我的钱，因为她好像从来都没有长大，不会理财，也不关心账单，大家都劝我和她分手。我明白他们是为我着想，但我和她在一起真的很开心。我不知道究竟该怎么做，你有什么建议吗？

很多人都有过这样的经历：遇到一个人，和他在一起很开心，但又不确定是否想要永远和他在一起。社会给我们施加了很大的压力，要求我们必须在某个年龄段达到某个目标，实现某个里程碑，对很多人来说，这可能是最不会出错的生活方式，但并不是我们在这个世界上唯一合理的存在方式。重要的是享受当下，而不是预测未来有没有可能和某人在一起，因为你没有任何依据。

如果你的朋友和家人不理解你的选择，我想告诉你，当最亲近的人质疑我们时，最好的回应是仔细倾听并认真对待他们的建议。兼容并包很重要，但听从自己的内心也是没有问题的。

花点时间，让事情顺其自然发展，看看它最终的走势如何。

重要的是要记住，前途、外表，都不能定义一个人。人的核心是灵魂。我们更应该看重一个人创造幸福的能力，发展个人兴趣、结交朋友的能力，与他人建立连接的能力。一个人喜欢做的事比他的履历更能代表他这个人。我们不能凭空判断一个人是什么样的人或者他会如何影响我们的生活，而是要通过和他在一起的感觉来判断自己是否喜欢他。所以我鼓励你去感受和倾听真实的、对你的当下有影响的东西，而不要被想象中的未来所困扰。

如果你坚持去做你“应该”做的事，那有可能将来会后悔。我想起了简·奥斯汀的长篇小说《劝导》：贵族小姐安妮与年轻的海员温特沃思真心相爱，但她父亲嫌男方出身卑微又贫穷，她的教母也担心他们婚后生活困窘，因此两人极力反对。谨慎的安妮接受了劝导，忍痛与心上人解除婚约。

奥斯汀曾经在情窦初开的年纪对一个律师一见钟情，然而，她的父母希望未来女婿拥有经济实力，而偏偏那时的律师还是个穷小子，两人因此而分手，再也没有相见。奥斯汀后来选择终身不嫁，将所有未了的情感注入文学创作。

《劝导》是一部动人的警世小说，告诉我们违背自己的本心，听从所谓的“明智”建议，会得到什么样的结果。

因为我需要你，所以我爱你

★★★

人们常常觉得真正的爱情是如痴如醉、疯狂迷恋，这多少要怪好莱坞电影对“坠入情网”的夸张渲染。人们以为的爱，实际上是被爱，甚至是一种被动的爱[1]，什么都不做，恋情就会发生。就像婴儿或者蹒跚学步的孩子一样，小宝宝不需要做任何事情来获得母亲的爱，因为母爱是无条件的。童稚的爱是“我因被爱而爱”，而成熟的爱是“我因爱而被爱”，两者之间有很大的区别。

下面这封信就是很好的例子，写信的女士觉得自己的亲密关系中缺少“火花”。

1. 弗洛姆在《爱的艺术》一书中指出，母亲的爱就是一种被动的爱：我之所以被爱，是因为我是母亲的孩子；我之所以被爱，是因为我幼小无助；我之所以被爱，是因为母亲需要我。因为是我，所以我才被爱。这种爱不仅不需要我们付出努力，而且我们也无法付出努力。被动的爱，不能学习，不能创造，也不能控制。——编者注我和男友都是33岁，我们是大约两年前认识的。他为人善良，富有魅力，和他在一起让我很有安全感，觉得放松、自在。不过，他的个性有点沉闷，这也是事实。随着相互了解的深入，我们的关系也有所改善。他和我以前的男友不一样，他敏锐、聪明、慷慨、体贴、善良——这些品质都是我真正看重的。我过去有那么多不愉快的交往经历，所以我更加欣赏他，珍惜他。

但问题是，我内心始终有一些不确定，我也不知道为什么会这样。我更想找一个愿意和我聊天并且能和我一起去冒险的人。我很爱他，关心他，我喜欢他的陪伴，能感受到他的爱，我们的性生活也很和谐，一切似乎都没有问题，但我总觉得我们的关系中缺少激情，好像提前进入了老夫老妻模式。也许过去几段恋情中的那种疯狂和激动是不健康的互动模式，因为我并不知道自己想要什么。

现在我不知该怎么做，我很焦虑。我觉得自己分分钟都在改变主意。我很在意他，不想伤害他，他一直觉得我们关系很好，所以我没有跟他谈起过这件事。

当我们不确定自己和某人的关系时，恰恰是最迷恋对方的时候，当对方最终给予我们一些积极关注时，我们的兴奋就会达到顶点。而如果我们一直都能得到积极关注，我们不会感到兴奋，只会觉得这是理所当然的，早就习以为常。就像我之前说的，如果没有经历过低谷，就不可能体会巅峰。而我们现在正经历的，是一段稳定、平缓、无惊无险的过程。

喜欢追求刺激爱情的人通常让我想起那些决心戒烟或戒酒的人。瘾君子都有两面：一面是理智，知道什么是不健康的，会克制自己；一面是冲动，会不假思索地拿起香烟、酒、毒品（在上面的例子中，让人上瘾的东西是“刺激的爱情”）。他们明知吸烟有害，影响健康，可还没等自己想到这一步，就已经点燃了一根香烟。没有做决策的过程，而是立刻去做。当我们酒瘾发作时，我们会在脑海中想象喝第一杯酒和第二杯酒时的美妙感觉，这种想象助长了我们的欲望，根本不想考虑宿醉醒来第二天的感受，也不担心一喝就停不下来，我们只会记住喝酒时那美妙的感觉，它掩盖了一切痛苦、忧愁和迷茫。

我通常会告诉那些沉迷于刺激爱情的人，他们渴望的那种浪漫恋人，并不是适合他们的类型。选择伴侣不能像选窗帘一样，刚买来的窗帘很漂亮，但时间久了就会褪色。恋人之间最初头脑发热的阶段很快就会过去，会让人产生比以前更加强烈的孤独感，因而更加渴求热恋的感觉。真正的爱并不是指被爱，而是给予。成熟的爱应

人们总以为被爱才是爱，

其实不然。爱不是被动的，

而是要通过实际行动去获得。

爱是对你所爱之人的

生命和成长的积极关注。

该是双方相互关心与支持，从给予和付出中找到满足。爱是主动的行动，而不是被动的情感，爱是关心、责任、尊重和了解。这才是我们需要的爱，而不是我们自认为想要的爱。它不会一直令人兴奋，也不会让你神魂颠倒，时时刻刻担心自己“不再被爱”。它不是波涛汹涌的大海，而是清澈宁静的湖泊，深不见底，深得超出你的想象。

我们都有需要治愈的童年创伤，好的爱情会弥合过去的创伤，而不是让你再次掉进熟悉的陷阱。这个陷阱就是童年时无法控制的被动的爱。爱是人的一种主动的能力，从长远来看，它会让你感觉更好，而且更加持久。

古希腊作家阿里斯托芬在对爱的起源的描述中说：“神把人类的身体切成两半，因此，我们每个人都是完整个体的一半。每个人都在寻找与自己匹配的另一半，这样才能让我们感觉完整。”他提出的概念对我们有一定的误导，因为我们从来没有被切成两半，所以并不存在完美匹配的另一半。但有三个因素能在我们寻找另一半时起到作用：第一是承诺。如果没有承诺，一段关系就不可能继续下去，出了问题你不会去想解决办法，只会想要逃避。第二是对自己的感受负责，而不是认为你的伴侣要对你的感受负责。第三是时间。写信的女士说：“随着相互了解的深入，我们的关系也有所改善。”这才是我们需要的长久的爱，而不是整天活在不确定中，害怕对方变心，担心爱会消退。

如果
一段关系里没有性

★★★

最近，我收到了一位50多岁的女士的来信。她刚刚有了新恋情，一切都很顺利，她想和恋人组建家庭，但又有一点顾虑。

我很喜欢享受性爱，可我的恋人很多年前就离婚了，我怀疑他没有太多的性经验，甚至可能有点性压抑。

我们之间一切都好，只是在性的方面他不能满足我，因为他有严重的心脏病，尽管医生说他可以服用药物控制，他还是觉得有风险。我曾经坦诚地跟他讲过，希望我们之间能有和谐的性生活，可他的反应很冷漠。他并不关心我在这方面的需要。

也许我应该果断地和他分手，但我们之间除了这个问题，其他方面都很合拍，包括我们的价值观。我们都是50岁出头的年纪了，很难再找到一个合适的伴侣。可是我无法接受以后没有性生活，如果一直心怀不满，我对他的尊重也会减少。

我要不要和他分手呢？

伴侣关系是分阶段的，每个阶段都有不同的特点：

（1）无性生活，不共同居住；

（2）有性生活，不共同居住；

（3）有性生活，共同居住；

（4）无性生活，共同居住。

当然，有些人永远都不会到第四个阶段。对普通人来说，年老时的性生活不像年轻时那样频繁，有时是逐渐减少，有时会像刚生完孩子或者生病的时候那样骤然减少。性生活减少可能会破坏我们的安全感，因为最初通常是身体的强烈吸引让我们进入这段关系。不要把随着时间推移性生活的自然减少，与产生无法调和的分歧时的身体疏远混为一谈。

一段性关系通常或明或暗地存在权力之争，权力的核心是需求。性关系中的权力等于吸引力，你的吸引力越大，对方对你的需求就越大，就越会离不开你。这会使关系陷入破坏性的循环，核心变成了谁拥有权力，而不是相互支持，共同享受。如果我们没有意识到这个问题，亲密关系就会在某种程度上变成“一较高下”的权力游戏。

这个问题通常不会被谈起，也没有人承认，除非你能从心理学层面进行思考。如果涉及夫妻关系，情况就会更加复杂。

在一段关系中，我们需要认真讨论各自的界限以及在哪些地方需要妥协。我认为那些不想发生性行为的人不应该被强迫。我们无法明确告诉对方不想做爱的原因，因为那可能会让伴侣感到失望和心碎，但我们每个人都有责任照顾好自己的身体，了解自己的需求。

有些人会认为性对伴侣的意义和对自己的意义是一样的，也许不是有意做了什么，也并没有说出来，但会以一种“理所当然”的方式表现出来。这就是为什么当你发现别人对待亲密接触、性和自慰的态度与你不同时，你会感到震惊。要记住，我们每个人对性都有不同的态度。这个话题可能难以启齿，因为很多人并不习惯把自己的性幻想用语言表达出来（他们甚至都不能接受自己有这样的想法）。我认为重要的是理解各自的想法，并对彼此的观点保持同理心。要以开放的心态进行沟通，而不是从对错的角度讨论问题。

性生活减少并不意味着

夫妻关系必然疏远。

重要的是尊重对方对于

被关注的需求，

无论是在性方面还是其他方面。

我们的身体在年轻时达到巅峰状态，随着年龄的增长，我们会为逐渐失去紧实的肌肉而难过，就像为不能再每天做爱两次而难过一样。但这并不会影响我们对伴侣的欣赏和爱。年老的身体没有那么柔软，会时常感到疼痛，但它仍然可以享受美妙的性爱，也许频率会下降，但维系婚姻的从来不是规律而愉悦的性生活，而是尊重对方对于被关注的需求。我的意思是，当其中一方表达自己的观点时（不一定是关于性，可能是像谈论家里的猫一样平平无奇的话题），或者想要寻求回应时，他能得到对方的回应，换句话说，能受到尊重。尊重并不意味着要去做别人想让你做的事，尊重意味着倾听和沟通，告诉对方你已经理解了他的意思。戈特曼研究所（Gottman Institute）的研究表明，如果一段婚姻中十次表达有七次能得到对方的尊重，就是好的婚姻。而如果得到尊重的次数少于三次，婚姻就会出现危机。

婚姻美满的另一个标志是充满爱的交流，这种交流也许与性无关。我们在一起感觉很放松，意味着我们可以互相分享想法和感受，而不是经常处于竞争状态，争论谁对谁错。随着时间的推移，当一对夫妻在一起分享的东西足够多的时候——比如共同打拼，照顾孩子——他们的爱就不一定非要通过性来表现了，其他事情可以逐渐取代性，成为维系情感的纽带。正是那些事情让这段关系更加紧密，比如享受彼此的陪伴。对大多数人来说，陪伴比性更重要，一个志同道合的伴侣才是最值得珍惜的。

写信给我的女士觉得性对她来说太重要了，她不能放弃。后来她又给我写了一封信，告诉我，她和恋人分手了。她现在正在寻找新的机会。时间会证明这对她来说是不是最好的决定，我的建议并不总是正确的。

————

臣服的力量

★★★

我曾经接待过一位来访者，她给我讲了很多事，每件事都是她对别人错。一开始我还对她表示同情，可当我听了太多类似的事以后，我感到有些困扰。

她一直不愿意告诉我她的过去、她的童年，她确信她的问题出在现在，而且都是“别人”造成的。我告诉她，我担心自己很快就会变成这些“别人”中的一员，果然，我的预言成真了。有一次，我搞错了我们的面谈时间，我为自己的粗心和疏忽向她道歉，可她却因为这件事把我看成了一个魔鬼。她在之后的四次面谈中不停地指责我，说我有多么多么恶劣，让我不胜其烦。最后她实在说累了，又开始回顾她生命中其他做错事的人。我鼓励她讲讲第一个做错事的人的故事。

在那一刻，她终于敞开心扉，讲起了她的母亲。小时候，她告诉母亲自己被人性侵了，但母亲并不相信她，也没有好好保护她，而是一次又一次地把她置于危险之中，直到她长大后逃离了那个环境。这是她人生中遭受的最大的伤害，让她非常痛苦。她时常感到恐惧、愤怒、脆弱、无助和受伤，就像她遭遇性侵时的感觉一样。难怪她一直不愿回忆过去。现在，当她主动回忆这段往事，回忆她遭受的虐待时，她猛然意识到自己已经是成年人了，可以掌控自己的人生，她不再需要把一切都归咎于别人。从那之后，她开始建立更融洽的人际关系，与别人的冲突逐渐减少，能够更自如地工作和生活。她也能接受我偶尔犯错，不会再把我当成魔鬼。

我的来访者做了我们每个人都可以做到的事：接纳过去，活在当下。当她从过去的泥沼中脱身而出，她就能摆脱过去的影响，放下傲慢，不再认为自己总是对的，学会信任和臣服。当然，她有识别能力，不会向所有人臣服，而是向给她的生活带来爱的人臣服。

对于那些了解我们和爱我们的人来说，我们是特别的，但这并不意味着我们拥有比其他人特别的灵魂。当我的来访者第一次来见我的时候，她坚定地认为自己是很特别的，所以她认为自己总是对的。这种不受欢迎的特质在人类身上已经存在了好几个世纪。在古代，它被称为“傲慢之罪”（the Sin of Pride），是天主教教义中的七宗罪之首。这个概念并不新奇。

即使你和伤害你的人已经很久不联系，
你在心理上也早已习惯了有这样一个
敌人，因此会努力寻找另一个替代者。
如果你要与他人建立牢固的连接，
首先要移除你内心构筑起来的、
阻拦爱的障碍。

1684年，牛津大学的一位校友捐出遗产，用于学校对这种罪行的布道，从那年开始，牛津每年都会举办这项活动。

2022年，牛津邀请我去做宣讲，我立刻就同意了，不是因为我对此有多么深刻的洞见，必须向大家传授，而只是出于我的报复心理。我从小就有阅读障碍，但找不出病因。我的阅读障碍源于听觉障碍，症状表现是，我能清楚地听到所有声音，但理解时会有轻微的延迟。那个年代还没有明确的病理诊断，所以老师一直认为我“脑子很笨”。我的阅读速度很慢，也不会拼写，就像人们常说的“马勒普罗太太”[1]。我看起来根本不可能上大学，更不可能进牛津。我父母觉得如果以后我能嫁给一个上过大学的人也是不错的，所以就把我送到了圣吉尔斯的牛津郡秘书学院。在我看来，让一个有阅读障碍的人学习速记和打字，绝对是“脑子很笨”的做法。果然，我失败了。

幸运的是，我克服了重重阻碍，最终成了一名心理治疗师，出版了多部著作，还主持纪录片、播客和广播节目，在一家全国性的报纸上开设了每周专栏，靠那些曾经折磨我的文字为生。虽然取得了一些成绩，可我仍然对当年老师的评价耿耿于怀。我接受邀请做这次宣讲，主要目的是想向已经去世的小学老师

1. 爱尔兰喜剧《情敌》中的人物，以用词不当而出名，被用来形容用词滑稽可笑的人。——编者注

证明，我能在牛津大学做宣讲，说明我脑子并不笨。讽刺的是，这次宣讲的主题是“傲慢之罪”，还好我没忘。

我认为傲慢之罪和今天所说的自恋有些相似，没有人天生就傲慢或自恋，是成长环境将我们塑造成这样的人。这多半源自童年时期我们被人评价过高或者被人看不起的经历。自恋者认为自己是“最好的”或者“最优秀的”，希望自己被当作“特别的人”对待。过度追求完美，是自恋者的症状之一。自恋已经成为社会的常态：物质财富的激增是社会进步的衡量标准；财富比智慧更重要；名声比尊严更受推崇。我们的制度和文化中都渗透着自恋——过度重视形象和声誉，不惜以牺牲真相为代价。

不过，并非所有的骄傲都等于自恋。我们可以为自己的孩子、朋友以及自己取得的成就感到骄傲，但我们不应该由此认为我们高人一等，因为这样的骄傲是不健康的，会对别人造成伤害。

臣服是对抗傲慢和自恋倾向的解药。R. D. 莱恩[1]创造了“对话恐惧症”（diaphobia）一词，他将其定义为“对真正对话的

1. R.D. 莱恩（R.D. Laing），英国心理学家，精神科医师，融合弗洛伊德理论与存在主义哲学的精神分析专家，20世纪六七十年代反主流文化运动的领袖人物。他深切关怀人类命运，广泛而深远地影响了当代心理学、艺术、哲学、社会学等领域，推动了行业的积极变革和发展。——编者注

恐惧”，换句话说，就是“害怕被另一个人影响，害怕变成对方行动的对象”。而臣服就是放下这种恐惧。例如，放弃对谈话的控制权意味着不要试图操纵对方，而是接受他们对你的影响和改变。臣服就是把你的某些方面展示给别人，不去想别人会如何看待。这意味着你要放松戒备，允许自己变得脆弱。

别人不会像你希望的那样看待你，臣服就是接受这个事实，不要要求别人把你看成这样或那样。当别人说话的时候，不要把注意力集中在你接下来要说什么上。臣服是让自己敞开心扉，允许别人影响你和改变你。当你臣服于一场对话时，你不知道它会走向何方，因为你对任何结果都持开放态度。这也意味着允许和接受别人做自己。

臣服于另一个人是一种冒险，也是爱的表现。臣服意味着放下“我”的偏见和好恶，放弃控制行为，对即将发生的事充满信心。臣服是放下小我，融入更大的环境和群体。臣服于他人并不是被比自己更强大的人征服，而是不让你的偏见、好恶成为你和他人关系发展的阻碍。当然，臣服是有风险的：向一头鲨鱼臣服，你会成为鲨鱼的晚餐。但如果我们不冒这种风险，我们就可能与外界隔绝，无法体验更广阔的世界。

当我们把别人定义成自恋者或其他类型的人时，就等于把自己放在了比别人更优越的位置上。那么，我们该怎么做呢？我们可以不去定义别人，而是定义自己。比如，不要说“她是个魔鬼”，而是给出更个人化、具体化的反馈，比如“我被她吓到了”。另外一种方式是放下评判，比如“这样很好”这句话，就是把自己放在一个更高的评判的位置。我们可以换一个说法，只描述自己的体验，比如“那件事让我很受启发”，或者“我很享受那个过程”“那次经历让我很不舒服”。像这样只描述个人感受，而不是评判事物的好坏，会让我们的主观经验听起来更像客观判断——这两者是有区别的。也许我们不能保证一直做到这一点，但我们可以以此为目标。

还有一种傲慢需要警惕，它是由傲慢的对立面——羞耻感滋生出来的，通常会发生在我们因为战胜过去的创伤而骄傲的时候，比如我在学校没有通过打字测试，成年后却能写书，还能开专栏，我的骄傲里面有一丝报复或愤怒的意味——我很想让去世的小学老师也体会一下我曾经感受过的羞耻。这里没有谦卑可言，我们会本能地做出反应来掩盖羞耻感，好像羞耻感会把人毁灭。假如我们能对这样的心态认真反思，审视当时的情况和自己扮演的角色，我们就会发现，羞耻感不会毁灭一个人，而如果从羞耻感转向傲慢，就是从童年时的受辱转向成年后的自恋。放下傲慢，心怀谦卑，就是用更多的臣服来取代对他人的控制和评判。

你还剩多少自我来维系这段关系

★★★

与他人建立连接是人类的基本需求，但我们不能只关注自己对他人而言扮演着什么角色，拥有自己的兴趣、从自己喜欢的事物中获得自我意识也同样重要。这一点在父母身上表现得尤为突出。成为父母（或者兄弟姐妹、伴侣、朋友）并不意味着我们只能扮演这一种角色，没有人是一成不变的，人类应该是更灵活、更多变的。

任何两个成年人之间的健康关系都意味着支持对方在这段关系之外保有完整的自我。如果关心和支持都是一方的单向付出，那就不是互相关爱的关系，而是让其中一方变成了牺牲者。在这里我想告诉你，不要扮演牺牲者的角色。你可以在保持幸福的亲密关系的同时，拥有属于自己的雄心壮志，努力实现自己的梦想。

我收到了一位女士的电子邮件，她大学刚毕业就嫁给了现在的丈夫，很快又做了妈妈，从那以后，她似乎失去了自己的身份，只剩下妻子和母亲这两个角色。

我结婚20多年了，有两个孩子。我坐在这里回顾自己的人生，多么渴望再次回到学生时代，回到那段自由自在的快乐时光。现在的我，内心深处充满了遗憾和怨恨。

我结婚后很快就辞掉工作，做了全职太太，专心照顾两个孩子。一开始我还觉得生活挺美好，可是很多年过去，我发现自己从来就没有真正快乐过。日复一日的育儿和持家，与朋友的联系越来越少，渐渐失去自己的名字，变成“某某太太”“某某妈妈”，自由对我来说是一种奢侈的感受。

最近这段时间，我越来越无法忍受我的丈夫。当然，我还爱着他，但我觉得他完全看不到我，也从来不关心我真正需要什么。我有很多梦想，想要自由地做自己喜欢的事，可他却认为我应该为这个家做出牺牲，应该留在家里陪伴孩子。

对于彼此的关系，我们有完全不同的看法。再多的沟通——向他表达我的感受，认可他的感受——似乎都改变不了什么。

我觉得我们无法再共处下去了。我不想失去他，但我又不知道我这种不快乐的状态还要持续多久。我把自己的整个青春都奉献给了他，奉献给了这个家，可我自己什么时候才能快乐起来呢？

在一段关系中经常会发生这种情况：一方为了取悦伴侣百般迎合，在这个过程中渐渐失去自我，放弃梦想和追求。我能理解，亲密关系无比珍贵，亲情也是无价的，但是失去自我，成为别人希望我们成为的人，这会导致孤独和抑郁。大多数情况下，我们需要做真实的自己，而不是我们觉得自己应该成为的那个人，否则就会感到无助、孤独和疏离。当我们变得更有自我意识时，我们就能知道如何了解自己的需要，放下内疚。

看见自己是非常重要的：在一对一的关系之外，你的友谊、工作、兴趣爱好是怎样的？你是否被允许了解自己的需要？我们经常讨论的话题是如何找到合适的伴侣或者那个“对的人”，我们的社会也是围绕着这种伴侣关系构建起来的，但我很想知道，幸福是否更容易在群体中找到。一个人很难满足我们所有的需求，我们需要从多种多样的关系中去获得我们想要的。把全部精力都投入在一个人身上会导致我们过度依赖这个人。

适应他人是一种技能，有些人需要学习如何适应并提高适应能力，而有些人则需要减弱适应能力。如果你完全适应了一个人，你会花更多的精力去应对他的感受，从而忽略关注自己的感受。在这种情况下，你还剩多少自我来维系这段关系？你甚至很难与自我建立关系。设定与他人的界限，是你与自我建立牢固关系的关键。如果别人能清楚地了解你的界限，并尽力不去越界，那么你就不需要通过明确说出你能够和不能够容忍的事情来定义自己。我们通常不会在一段关系（无论是亲密关系还是其他关系）中约法三章，因为我们都本能地知道如何避免伤害对方，但有时候你必须确定在哪里设定清晰明确的界限。当你对别人设定界限时，你需要知道自己的底线。你不必采取冷酷的方式，而是可以温和地向对方解释你为什么需要界限，但你的态度必须足够坚定，这样才能维护好界限。如果你从来没有实践过，设定界限对你来说可能会很困难，因为你需要克服很多心理障碍。许多人从小受到的教育就是要待人友善，如果大家都能彼此尊重，友善当然很好，但如果有人对你缺乏尊重，你的友善就是给了他们伤害你的权利。你真正需要善待的人是自己，而不是根本无视你的想法的人。我的专栏读者曾经给我留言说，“如果必须在内疚和怨恨之间做出选择，我选择内疚”。这句话很有智慧，也是我建议你做的——宁肯怀着内疚说“不”，也不要心怀怨恨地勉强自己容忍别人。

当我们爱上一个人时，我们会无条件地信任他，从某种程度上来说，我们是把权力让渡给他。可是，相爱的两个人应该是彼此平等互助的关系，如果仅仅是其中一方让渡权力，就会有被胁迫控制的风险。妇女援助慈善机构将这种胁迫控制具体定义为攻击、威胁、羞辱、恐吓以及其他伤害、惩罚受害者的行为或模式。我们需要学会识别虐待的迹象，要注意的是，这种虐待通常是隐性虐待，边界模糊，具有隐蔽伤害的特征，其实质是施虐者为了控制受虐者所采取的行为手段，可以通过多种形式表现。比如，你不敢做某事，因为害怕伴侣会暴怒。这样的控制关系不仅存在于情侣之间，也存在于家人和朋友之间。

被另一个人控制会损害我们的心理健康，使我们陷入困境。这个人就像一面镜子，而我们从镜子中看到的是被扭曲的自己，这会进一步侵蚀我们的自信心和幸福感。和这个人在一起的时间越长，你就越难离开，如果你已经有所察觉，请尽快寻求帮助。

我的建议是制订好计划，并一步一步执行。在确保自己安全之前，不要告诉别人你在做什么。记住，你活着不是为了服务别人，为了别人把事做好，你可以成为自己，并为自己把事做好。当你设定了界限，更加了解自己的需求并实现了目标时，当你开始尊重自己、爱自己时，其他人也会因此而改变，学会爱你、尊

如果你必须在内疚和怨恨之间
做出选择，那就选择内疚吧。
你会发现，你的世界
并没有因此而崩塌。

重你。你不需要任何人的许可，你要允许自己过想要的生活。当你最终过上了这样的生活时，你会在人际关系中获得更多的满足感和亲密感，你的人际关系也会变得更牢固，更真实。

回到给我写信的那位女士。即使丈夫不认可，她也可以给自己自由，过她想要的生活。事实上，如果她这样做了，也许会发现丈夫不像以前那样无法忍受了，甚至可能再次对他产生感情。而她的丈夫也会发现，当妻子的需求得到更多满足时，他的生活也并没有受影响。连接很重要，但我们不能只和一个人连接，我们需要和更多的人以及更广阔的世界连接。

如果生活中有人强迫你永远不能改变，或者强迫你过你不想要的生活，那么你需要考虑离开。你无须等待他人的许可，尽管去做你想做的事，那些人可以选择是继续和你在一起，还是和你分手。我不会建议你如何说服别人，那并不重要，重要的是你必须做你真正需要做的事，这样你才会拥有满意的人生，而不是一直心怀怨恨。

需要明确的是，世界上并没有所谓的正确的“处理”关系的方法。要建立牢固而有意义的关系，方法有很多，就像这个世界由很多不同的人组合而成一样。我希望本章的例子能让你对如何建立人际关系以及人际关系是如何维系的有一些新的认识，这也许能帮助你决定如何做出改变。

当一个人出现问题时，即使最初看起来与他和别人如何相处无关，但了解得更深入一些你会发现，个人的问题通常都是关系问题。焦虑、抑郁和偏执，都与关系有关。因为我们都是通过与他人建立关系而形成自我，如果我们的关系更顺畅，更稳定，那我们的状态也会变得更加稳定。

我们处理人际关系时，很容易认为问题都出在别人身上，但大多数时候是双方都有问题。这就意味着我们的关系并不像我们希望的那样牢固。解决关系中的冲突一向很难，但冲突又确实不可避免，这就是接下来我想让大家思考的主题。

———

2.

如何有效争论:
处理生活和工作中的冲突

如果有人倾听你，
不对你评头论足，
不替你担心焦虑，
也不试图改变你，
那该多么美好。

无论我们多么努力地与他人和自己建立更好的关系，也不能保证一段关系中没有质疑和争论。哪怕你已经学会应对这些棘手时刻，也仍然会出现和周围的人意见不合的情况。在任何关系中都会有冲突，因为我们每个人都有不同的经历和看待事物的方式，无论两个人多么相似，也不可能对同一种情况有相同的体验。但不能因为有不同，就认为其中一个人的观点比另一个人的观点更正确或更不正确。

我们可以采取一些方法来处理与伴侣、朋友、家人、同事之间的冲突和误解，这样大家就都不会感到痛苦。通过了解我们是如何争论、如何过度适应[1]的，可以帮助每个人意识到发生冲突时的情绪来源，从而变得更加通情达理，最终达成更高效的解决方案。

争论各有不同，不同的人以不同的方式争论不同的事情，但我还是发现了一些普遍的模式。在你阅读这一章时，我希望你能留意哪种争论模式对你来说是最熟悉的，你是否发现自己在争论时进入了一个死胡同：你认为其中一个人是对的，所以另一个人肯定就是错的。你是否经常回避冲突，主动放弃争论，哪怕这件事对你来说非常重要？你是否仅仅争论事实和逻辑，从不注意倾听别人的感受？当然，不同类型的争论之间会存在交叉，通常情况下，每次争论都是这些模式的组合。我希望通过这样的探索，帮助大家获得更多的自我意识。

1. 适应分为“对社会、文化环境的适应”，即“外在适应”，和“体验幸福感与满足感，有利于内心稳定”的“内在适应”两种。以牺牲内在需求来获得外在适应，导致内在适应出现一系列异常，这被称为“过度适应”。——编者注

争论模式 1：
思考，感受，行动

★★★

每个人都有自己最常用的（或首选的）应对方式，了解这一点，你可能更容易理解别人的体验。这些应对方式通常包括思考、感受和行动。有些人喜欢通过思考来想办法解决问题，而另一些人则需要先探索自己的感受，还有一些人会直接进入行动模式。我们可以把这三种方式想象成门，我们需要知道哪些门是开着的，哪些门是关着的，哪些门是锁着的。

如果两个人的应对方式不同，他们在一起解决问题的时候很难不发生争论或分歧。我收到了一封邮件，是一位女士在她丈夫中风后写给我的。

我丈夫是一名科学家，今年60多岁，习惯于通过思考解决一切问题。前段时间他中风了，腿部无力，行走困难，需要做复健慢慢恢复。他在医院的时候一直坐轮椅，回家后换成了助行器，现在用的是拐杖，但他还是觉得自己进步缓慢，感到很沮丧，因为他总想找到一些科学有效的方法来解决这个问题，而不是只能依靠锻炼。

我这几天总是反复苦口婆心地劝说他，让他进行康复训练，感觉自己更像他母亲，而不是一个妻子。我发现自己有时候会突然发火，怒气冲冲，因为他不和我分享任何感受（他以前也不习惯这样做，我也不知道为什么我现在期待他能改变），我觉得和他很疏远。

我也曾试着和他聊聊，希望他能表达他的感受，可他完全没兴趣。每次发火之后我都会很内疚，毕竟他现在身体上遭受了这么多痛苦，我不应该再苛求他。这段时间我们都情绪低落，这种局面不知什么时候能得到改善。

读了她的信，我感觉她丈夫那扇思考的门是开着的，而行动的门是关着的，感受的门是锁着的。另一方面，这位女士感受的门和行动的门都是开着的，但思考的门是关着的。她和丈夫之间的冲突，也就是她在信里描述的怒气，是他们打开了不同的门导致的。换句话说，是因为两个人有不同的应对方式。

当我们处于困境时，我们都希望自己爱的人和我们有同样的应对方式，但这位女士的丈夫已经够焦头烂额的了，现在他只能做自己，根本不可能按照妻子期望的方式来应对生活和康复问题。要记住，人和人是不同的，恰恰是这些不同让我们互相吸引。我们会欣赏别人身上那些我们不具备的品质，但当危机来临时，我们又会因为对方和自己反应不一样而生气。在处理生活中的麻烦事时，我们会变得不那么灵活，更倾向于选择自己喜欢的应对方式，这很正常。比如家人生病或者工作中遇到挑战时，就好像突然进入应急状态，我们会变得更僵化，更执着于平时的思维模式，更难以从别人的角度看问题。回到刚才的例子：一旦这位女士理解了她丈夫习惯的应对方式，她就能找到一种"思考"式的方法来轻轻推开他的"行动"之门，比如，请一位医学专家对丈夫解释，如何通过有效的训练来形成新的神经通路，丈夫"思考"明白后，就会很乐于进行康复训练了。

当有人生病或遇到麻烦时，我们总是忍不住要给他们建议，告诉他们，我们觉得他们应该怎么做。我们总是认为，如果别人按照我们说的去做，或者和我们的看法一致，他们就能生活得更好。通常，我们这样做的动机是不想被别人的感受影响，因为他们的无助、脆弱、痛苦和沮丧会让我们也跟着情绪低落，我们不喜欢这些负面感受，所以要给他们建议。然而，对许多人来说，收到这些不请自来的建议，感觉就像是在被人评判或者教导。其实，我们更希望被认真对待和理解。想想看，如果你的狗狗被车撞了，你肯定更愿意有人对你的悲伤感同身受，而不希望有人告诉你应该牵好狗绳。共情不是试图抑制或纠正对方的感受，而是设身处地地理解对方的感受。能做到这点并不容易，尤其是当别人的感受方式与你不同的时候。在上面这个例子中，生病的丈夫很难做到分享感受，但他很乐于分享自己的想法。妻子如果能够共情丈夫的为难之处，就能很好地解决他们之间的冲突。

我发现孩子哭闹经常会引发父母的不耐烦或愤怒，因为我们不想让孩子的情绪唤醒我们童年时脆弱无助的记忆，也不想承认自己无力摆脱当下窘境的羞耻感，所以，我们只能依靠愤怒来排解。对我们来说，拿出父母的权威压制孩子，要比共情或认可孩子的感受更容易，但是这样做并不能帮助孩子解决他们遇到的问题。成年人之间也是如此。比如，你对别人说你感冒了，感觉很不舒服，你通常会得到一大堆建议——多喝热水、我们有三种主要的应对方式：

思考、感受和行动。

如果你爱的人正在经历一段困难时期，

不要急着马上解决问题，而是先试着

理解他的应对方式，共情他的感受。

蜂蜜水、柠檬水，吃维生素C，服用感冒药，冲洗鼻腔，等等。其实你更需要的是共情，这样的建议让你感受到的不是安慰，而是居高临下的说教。

我并不是说我们的感受都是自己引发的，我们当然会受到别人影响，产生相应的感受，其中一些感受是负面的，但这也不能完全怪别人。困难和冲突是大家要共同面对的，接受别人的应对方式与你的不同，是认识到问题并努力解决问题的第一步。

———

争论模式 2：
问题不在于我，而在于你

★★★

我发现，许多人在处理关系中的问题时，总认为问题都出在别人身上，而自己只是置身事外的旁观者。抱怨别人有多糟糕，要比审视自己的感受从何而来轻松得多。当我们把注意力集中在别人身上时，就没有精力关注自己的感受和需求。说到这个我想起了一位男士，他给我写信诉说他的婚姻问题。

我和妻子结婚十年了，以前的她温柔体贴，善解人意，我们感情也很好，互相支持，一起走过许多风风雨雨，生活充满温馨和甜蜜。可是自从有了孩子以后，她突然变得脾气暴躁，缺乏耐心，完全没有初为人母的喜悦，

反而经常歇斯底里地大喊大叫，要不就是莫名其妙地流眼泪，搞得家里的氛围特别紧张。

不知是因为工作压力太大，还是她不适应母亲的角色，她一忙起来就会抓狂，有时甚至会失去理智，冲我发无名火，或者拿孩子出气。她会因为鸡毛蒜皮的事情跟我大吵特吵，每次吵完架我们就冷战一个月，互不理睬，我实在是受够了这种日子。

如何才能让她恢复从前的状态呢？我们的关系还有改善的可能吗？

从这位男士的叙述来看，他认为所有问题都出在妻子身上。他们结婚十年，但他没有真正看见他的妻子。当我们只注意一个人的行为时，我们没有看见他。当我们关注一个人行为背后的意图时，说明我们开始看他了。而当我们关心一个人意图背后的需要和感受时，才是真正看见他了。他没有看见妻子，却总是试图纠正妻子，希望她能理解他并且适应他。没有人想要被纠正，这样做会让两个人的关系更加疏远。

当你试图向某人表达你对问题的看法时，不要对他说你认为他是什么样的人（你可以自己组织语言），而是要把关注点放

因为我们是自己的主人，

不是别人的主人，

所以如果我们想要改变什么，

我们只能改变自己。

别人可能会对我们的改变做出反应，

也可能不会。

这都是我们无法掌控的。

在你对他的感觉以及你希望你们的关系如何改善上。比如，不要说“你真是不可理喻”或“你都不听我说话”，可以换成“我很生气”或“我觉得你没有在听我说话”——你是在讲述自己的感受，并意识到某人没有按照你的意愿去做并不意味着他有什么问题。这个习惯能帮助你在遇到问题的时候关注自己的感受，而不是去责怪别人。

我们很容易就能看到别人身上存在的问题，却很难意识到自己有哪些问题阻碍了关系的发展。如果你发现自己总是对不同群体的人有同样的感觉，那可能是你自身的问题，而不是别人的问题。退一步讲，也许确实不是你的问题，而是别人的问题，但如果一直都是别人有问题，那归根结底可能还是你的问题。我们来看看下面这封信，来自一位无法交到同性朋友的女士。

从小到大，我所有的女性朋友最后都和我绝交了。

我一直捉摸不透，为什么我和女性朋友的友谊最后都以失败告终。我觉得自己没有做错什么，我不明白为什么她们要抛弃我。事实上，这些年来她们遇到困难的时候，我都会尽全力支持。我和许多男性朋友都相处得很好，没有出现过和女性朋友的这种情况。

我对自己要求很高，但我从来没有对朋友的生活指手画脚，或对她们做出负面评价。我总是鼓励她们，夸她们聪明、迷人、有魅力。有没有可能是她们嫉妒我？我不知道我还能做些什么来改变这种局面。

这位女士提到的情况反复发生，所以我认为问题可能出在她的身上。不是她故意做错什么，而是她完全意识不到发生了什么事。如果你也是这样的情况，建议你仔细找找“破案”线索。很多人都像这位女士一样，发现和同性相处要比和异性相处更难。在心理治疗中，如果来访者的问题是和女性相关，我会让他们给我详细讲讲和母亲的关系；如果问题是和男性相关，那就讲讲和父亲的关系。我们可以从中发现，小时候的亲子关系有可能成为人们成年后互动的模板。

写信的女士描述的她帮助女性朋友的方式，在我看来并不像是通常那种互相支持的双向交流。也许她传达给朋友的是“如果你像我一样，有我这样的见识，你也能拥有我拥有的一切”，而她的朋友可能会把她的意思理解为“不要做你自己，要成为像我这样的人”。也许她可以接受男人本来的样子，却认为女人需要改变？又或许，她总是下意识地主动寻找能让她产生优越感的女性朋友？也许其他人察觉到了她内化的厌女情结？

无论是什么导致了她的问题，应该都和她早期的成长环境有关。好消息是，虽然我们不能改变别人，但我们有能力改变自己的反应方式和回应方式，进而改变我们所处的环境。我们无法控制别人，只能控制自己。如果想要摆脱关系中的困境，我们需要从改变自己的行为和表现开始。挑别人的错误很容易，但没有任何帮助，如果我们能反思一下自己有哪些行为导致了关系问题，我们就能找到一种全新的更有益、有爱的相处模式。

争论模式3：
好人vs坏人

★★★

在争论的过程中，我们很容易把自己看成好人，把对方看成坏人。然后我们会自然而然地寻找支持这个观点的证据，有了这些证据，我们就更加厌恶对方，并向他们发泄不满。这样一来，我们更觉得自己是对的，甚至代表着正义。我们就是这样构建了一个消极的视角来看待对方，把他们塑造成坏人。这种“我对，你错”的游戏会在很多不同的情况下出现，从家庭纷争到同事之间的分歧，从夫妻的家务分工到变质的友情。

追求正确是人类的正常行为。因为犯错会让人感到羞耻和内疚，所以我们总想极力避免。但是，这种追求正确并认为自己是好人的想法，往往会导致我们陷入冲突的循环，而不是积极去寻求解决方案。怨恨越积越多，大家都被困在其中，没有人改变，也没有人能解脱。

最近，我收到了一封年轻男子写来的信，他说他和家人因为一次不恰当的对话发生了争吵。

在一次家庭聚餐的时候，我大姐开了一个关于种族主义的玩笑，我实在听不下去了，说她是种族主义者。她很生气，觉得自己被冒犯了，并且否认自己是种族主义者，她说她只是玩了个文字游戏。虽然我对她很不满，想马上走掉，但还是勉强留了下来，因为我不想让这件事毁了家人的一天。从那以后，我和大姐再也没有说过话，我妈妈也建议我暂时不要回家聚餐了。

在我的成长过程中，我和大姐一直相处得很好，我们之间不存在竞争的情况。但我和我妈妈、大姐有着根本性的差异：我常看《卫报》，住在城里；她们常看《每日邮报》，住在乡下。[1]尽管如此，平时我也能和她们和谐相处，现在我很想弥合裂痕，但我不知道该怎么做。

1.《卫报》是英国最著名的主流报纸，在政治倾向上属于左翼，读者群多为中产阶层。《每日邮报》是蓝领阶层喜欢的小报，政治倾向是右翼。——编者注

我就不复述这个种族主义笑话了，以免伤害到他人。年轻人的问题不在于大姐说的笑话是有意还是无意，也不在于他指责了大姐，而在于他是如何指责的。当我们知道自己是正确的，并且知道大多数人会赞同我们的观点时，我们很容易会自以为是，产生优越感。年轻人想要证明自己是正义人士，却掉入了从左翼右翼的角度区分他和大姐的陷阱。其实我们远比这个分类复杂。

这个年轻人的经历表明，他在成长的某个阶段摆脱了原生家庭环境的影响，学会了用不同的方式思考，因此他应该试着去理解为什么他的大姐并不知道这个笑话是一种冒犯，而不是断言大姐是出于恶意或者对她所嘲讽的人怀有敌意。大姐可能从来没想过作为少数群体被嘲讽和伤害的感觉，甚至可能根本没有那样的认知。

我们需要试着从对方的角度看问题。如果没有做到这一点，而是站在道德制高点上给别人贴标签，就是典型的把自己看成“好人”、把别人看成“坏人”的行为。我们可以给笑话贴标签，但不要给人贴标签。任何人被贴上标签并且被公开指责，都会觉得是一种耻辱。当我们感到耻辱时，我们不太可能听得进反馈意见并愉快地接受，而是更有可能否认或试图为自己辩解。

我的建议是，他可以对大姐说这个笑话让他有什么样的感觉，比如这样说：“我知道这是个很巧妙的文字游戏，但如果

如果你能以谦卑的态度表达观点，

你会感觉更加自信，

而不是更加不自信。

这听起来似乎有点矛盾。

我的意思是，

这样会使你显得不那么专横傲慢，

更容易让别人接受你的观点。

我来自其他国家或地区，这样的笑话可能会让我感觉自己不受欢迎，我会很伤心、很生气。所以我不会说这样的笑话。它好像不疼不痒，就像一个小小的伤口，但如果这个伤口再被划上一百次，就会变得非常严重。”他还可以继续补充：“我知道你是无意的，但如果别人听到你说这个笑话，他们可能会误以为你是种族主义者。”

涉及种族主义的笑话当然是错的，但攻击没有意识到问题的大姐也是错的，不能因为对方错了就以错的方式对待她。当你感觉自己陷入冲突循环时，首先要做的就是摆脱这种“一个是好人，另一个是坏人”的思维模式。

为了进一步说明这一点，让我们来看看下面这封信，是一位刚刚订婚的年轻女子写给我的。她对即将到来的婚礼和婚后的家庭生活满怀憧憬，但她和丈夫家人的关系让她感到有些困扰。她的故事并不特殊，我经常收到倾诉类似问题的来信。

我未来的婆婆实在太难相处了，她推翻了我和未婚夫做的每一个关于婚礼的决定。为了让她满意，我们一再退让，婚礼场地、当天的食品、宾客名单都是根据她的喜好和意愿定的。

好在因为疫情我们不得不推迟婚礼，我很庆幸暂时不用忍受未婚夫的家人。未婚夫很想快点和我结婚，可一想到要面对他父母，我宁愿不结婚。我想和他私奔，因为我是爱他的，也想嫁给他，但他不能接受不让他父母参加婚礼。他母亲和妹妹都指责我把他从她们身边夺走了，可我从来没有阻止他参加家庭聚会或其他家族活动呀，她们这样说让我很伤心，我永远不会原谅她们。未婚夫告诉我，他无法改变他的家人，我必须接受现实，对他的家人好一点。对不起，我真做不到。似乎没人在乎我这个新娘怎么想，我感觉非常无奈。

当我们在这个世界缺乏安全感时，我们需要敌人，找到他们，就能找回掌控感。我们需要从别人身上挑毛病，这样我们才能感觉自己正确。如果不去评判别人，而是接纳并且试图理解他们，可能会让我们感觉自己输了或者是在让步，但我向你保证，事实并非如此。

如果我们能意识到自己是如何解释别人的行为的，这件事就变得简单多了。在争论的过程中，试着后退一步，从旁观者的角度分析一下状况：你会看到自己正在摩拳擦掌，准备战斗。

不要偏向任何一边，此时，你会注意到什么？试着不去想谁对谁错，只是看着事件慢慢发展。现在你已经置身事外，可以看到自己在这件事中扮演了什么角色。这个角色看起来是怎样的？每个人的恐惧是什么？他们是如何处理的？他们害怕的东西哪里不同，哪里相似？每个人都有自己的感受，会用自己唯一知道的方式来处理感受，而我们要始终对自己和他人的感受保持好奇。

你可能会想：为什么我要考虑别人的感受呢？为什么别人从不关心我的感受？因为你唯一能控制的人就是自己。别人的行为可能会随着你的改变而改变，但这是不可控的。把别人说的每句话都理解为对你的攻击，只能增加你的内耗，让你产生想要“反击”的感觉。让我们回到信中这位年轻的新娘。我建议她不要去想“我从来没有阻止他参加家庭聚会或其他家族活动”，而是试着这样想：我可以理解他对他的家人有多么重要，以后他们见面的时间越来越少，他的家人一定很伤心，我会让他经常回家看望他们的。

如果你能多从积极角度而不是消极角度看待别人的行为，你就会有不一样的理解。另一位准新娘给我写信也提到了类似的问题，只是她未来的婆婆没有主动提出帮他们操办婚礼，她认为婆婆很自私。后退一步看，也许她婆婆不是自私，只是不想过多干涉。换句话说，遇到问题时，我们可以先探索别人行

我们总是用自己的逻辑
去解释别人的行为，
可是别人的行为和我们的行为
有不同的含义。

为背后的感受，并试着理解这些感受。

要做到这一点，有个实用的方法：花点时间把自己想象成对方，想象你有他那样的成长经历，过着他那样的生活，你会怎么做。把自己想象成正在和你争吵的人，想象你此刻就是他，像他那样坐着，会是什么感觉。然后想象你和他坐在一起，你说："我是（对方的名字），我和（你自己的名字）坐在一起，我有什么样的身体感觉？"这样能帮助你进入角色。想象一下成为他会是什么感觉，他会有什么感觉，然后共情他的感受。当两个人的立场两极分化时，双方都需要做出一些让步来达成妥协。这并不容易。接纳别人是很难的，但这是唯一可行的解决办法。

争论模式4：事实vs感受

★★★

冲突更多的是关于每个人的感受，而不是事实。这也是我们争论的核心。对于许多人来说，他们需要在看待自己和他人的方式上做出重大转变。我们的想法其实并不像我们以为的那么合乎逻辑，更何况逻辑几乎解决不了争论。如果能够互相理解对方的感受，就会更容易达成解决方案。

当然，有时候事实比感受更重要，但如果感受得不到认可，事实也不太可能被尊重。这就意味着我们不要试图用逻辑来“赢得”争论，而是可以通过倾听你和对方的感受来达成共识——这才是摆脱困境的途径。当我们只关注逻辑而不是感受时，我们就像开始了一场游戏，我把它命名为“事实网球”。事实网球就是争论中的两个人像打网球一样不断向对方发出“理由和事实”的球，然后又不断用更多的“理由和事实”的球来攻击对方。争论的目的变成了得分，而不是寻找可行的解决方案。

我们以生活中常见的争论为例：两个人要一起出门，其中一个人准备的时间有点长。我们来看看这场争论是如何变成“事实网球”游戏的。

发球者：你每次出门前都磨蹭很长时间，你要是现在还不开始准备，去我父母家就得迟到。（15–0）

接球者：不是这样，上次我只花了半个小时准备，开车到那里只要20分钟，所以我们还有时间。（15分平）

发球者：上周我们和朋友约好了去餐厅吃饭，你花了45分钟才准备好。（30–15）

接球者：上周我需要洗头，这次我不用洗头了。（30分平）

发球者：可是如果我们掐着点出发，路上可能会堵车，我们还是会迟到，上次我们去的时候就迟到了。（40–30）

接球者：我查了今天的路况信息，不会堵车。（平局）

对话就像这样不断循环下去。最终，其中一个人实在找不出新的理由了，因此被认定为“失败者”。虽然表面上解决了争论，但他们可能还是会感到恼怒和怨恨。如果“获胜者”感觉良好，那一定是以牺牲他的伴侣为代价。

如果我们抛开逻辑，转而关注感受，同样情景中的对话可能是这样的：

甲：如果我们掐着点出发，我会心里不踏实，我爸爸最讨厌别人迟到，这会让他心情不好。

乙：哦，抱歉，亲爱的，我不希望你那么紧张，我知道，去你父母家迟到会给他们留下不好的印象。我想把手头这点工作做完，这样和你家人聚会时就能更放松了。

甲：嗯，你今天确实有好多事要做。要不我帮你熨熨衣服，等你工作完成后，咱们很快就能出发了。

倾听分歧并解决分歧，是为了最终的互相理解和妥协，而不是为了在争论中获胜。如果我们能始终保持好奇心和开放的

试图通过逻辑和事实来“赢得”争论，
对解决问题没有任何帮助，
而且会让每个人都卷入一场
争对错的游戏。我们要努力理解他人，
共情他人，而不是急于
评判他人，胜过他人。

心态，不去评判、指责他人，我们的生活将会更美好。分歧为我们提供了了解对方观点和表达自己看法的机会，不要总想着“我是对的，他是错的”“我赢了，他输了”，不要指责，也不必寻求道歉，而要试着理解对方。你会发现，谁对谁错并不重要。

———

争论模式 5：卡普曼戏剧三角

★★★

许多心理咨询师会采用卡普曼戏剧三角[1]来了解一段关系中正在发生的事情，它的意义在于暂时抛开你们争论的问题，只检查你们之间的互动模式。想象一个倒三角形，在底部的尖角标记“受害者”，在另外两个尖角分别标记“迫害者”和“拯救者”。

卡普曼戏剧三角的重点是帮助我们找到冲突的根源，并意识到我们争论的往往不是实际问题，而是对方对待我们的方式。

1. 卡普曼戏剧三角（The Karpman Drama Triangle）首次发表于1968年，是一个用于呈现人际互动沟通方式的理论模型，由美国心理学家斯蒂芬·卡普曼（Stephen Karpman）提出。戏剧三角的每一个尖角，都代表着一个人可能会扮演的角色：受害者、拯救者与迫害者。通常来说，每个人在人际互动中都有一个自己偏好的角色，但每个人都有可能在这三个角色中进行戏剧性的转换。——编者注

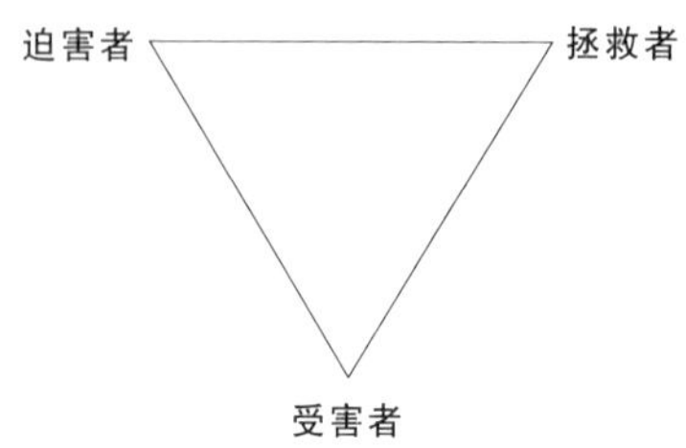

这就是为什么对那些看起来无关紧要的小事的争论最终会演变成激烈的争吵。

为了说明这个三角模型如何应用，我们来看看下面这个故事。妻子患有抑郁症，但拒绝服药，也不想寻求帮助，丈夫在伤心和绝望中写了这封信给我。

我妻子患抑郁症已经十几年了，但只看过一次医生，医生给她开了抗抑郁的药物，可她服用几个月后就停药了，她说这些药一点用都没有，医生也根本帮不了她。

我经常劝她："你这样任由病情发展下去，后果会很严重。你应该相信医生的专业水平，不能讳疾忌医。"我说的次数多了，她渐渐变得不耐烦，冲我大发雷霆，她认为自己很正常，什么问题都没有，而我一直说她有抑郁症，让她看医生吃药，是在给她洗脑，对她进行煤气灯操纵。

听她这么说我很气愤，她生病后我说话一直小心翼翼，生怕说错什么刺激到她，让她病情加重。看着她郁郁寡欢，我心里充满内疚，总觉得是我做得不够好，一切都是我的错。

她抑郁的症状非常明显，她从来不和人交谈，也很少出门，每天晚上都失眠，白天萎靡不振，总是一个人呆呆地坐在那里。这些年受她的影响，我也活得特别压抑。以前我是一个乐观开朗的人，现在变得沮丧消沉，愁容满面，再这样下去，我怀疑自己也要抑郁了。

从这封信可以看到，夫妻俩不停地在三种角色中转换，从拯救者到迫害者再到受害者。丈夫试图说服患抑郁症的妻子寻求专业帮助，从而进入了拯救者的角色。妻子觉得这是对她的逼迫，因此产生防御心理，视丈夫为迫害者，开始指责丈夫。这又让丈夫觉得自己是受害者。这是许多人（包括夫妻、家人、朋友等）在意见不合时容易陷入的怪圈。

那么，如何摆脱这三种无用的角色呢？我们可以改变自己对待他人的方式，看看会发生什么。首先你必须学会如注意你和别人交流时使用的语言。

一个好的对话的开启方式是使用

“我”陈述句——

这是在描述你的感受，

而不是使用“你”陈述句——

这是对他人的评判。

何不“迫害”他人：你要避免使用这样的句式，比如“你总是……”“你是……”“你应该……”。你可以用“我”陈述句来描述自己的体验，而不要用“你”陈述句。避免使用“应该”这样的词。先说某事让你感觉如何，然后说你希望对方有什么样的行为，这个习惯能帮助你对自己的反应负责，而不是责怪对方，从而减少对话中的敌对情绪。

我们的说话方式和我们说的话同样重要。不要武断地评判他人，要保持对自己和对别人的好奇心。不要轻易谴责或赞美任何人。你可以对别人感兴趣，但不要给别人下定义。别人没向你请教的时候，不要给人建议，因为不管你的出发点有多好，这种建议都很容易给人带来压迫感。如果你能以一种非评判的方式说出困扰你的事情，那么其他人就会更容易听进去，而不会把它当成一种攻击。你们可以一起努力找到解决方案，避免事态升级。

此外，当我们过于努力地替别人做出正确决定时，我们就是在扮演拯救者的角色。当我们为别人做他们自己有能力做的事情时，我们就进入了拯救模式，这会让他们感觉自己被当成了孩子，因而产生抵触心理。我发现这种行为在男性身上表现得尤为明显。我们的文化总是吹捧男性贬低女性，把男性塑造成身穿闪亮铠甲的骑士，把女性塑造成无助地等待解救的公主，所以人们想当然地认为男性就是负责解决问题的角色。但事实并非如此。

当你扮演受害者的角色时，你就是在主动放弃自己的力量，你要认识到这一点并马上停止。喜欢扮演受害者的人潜意识中认为自己的痛苦都是他人造成的，他们选择把自己放在受害者的位置，这样就可以获得别人的同情。他们甚至会主动寻找迫害者来贬低自己，这样他们就有充足的理由怨恨他人，把责任都推给他人。关于怨恨有这样的说法："怨恨就像你喝下了毒药，然后期待你恨的人死掉。"真正的受害者是无助的，不能对自己的困境负责，而扮演的受害者是主动选择不承担责任。

即使别人贬低你，你也不必扮演成受害者。当我受到侮辱时，我不会咄咄逼人，以牙还牙，而是通过这样的方式来缓和局面：比如，别人对我说"你很蠢"，我会说"哦，你认为我很蠢？谢谢你告诉我"。这样说的意思是，我既没有赞同，也没有否认他说的话，我只是告诉他，我听到了。重复你听到的话，对方就不会觉得自己被忽视了，这样做会平息事态。而且通过重复别人的话，在某种程度上相当于把这句话还给了他。我陈述的是对方的话，与我本人无关。

认可他人的感受，不管这些感受让我们多么不舒服，这是找出分歧所在的重要一步。与其和别人作对，不如与之朝同一个方向走。复述一遍他们说的话，当他们感到自己被倾听时，就不会大喊大叫了。如果妻子说"医生根本帮不了我"这样的话，丈夫不必再争论下去，因为立刻反驳她很可能让两个人都火冒三丈，解决问题的可能性很小。相反，他可以这样回答："哦，你觉得医生帮不上忙。" 这就是与对方朝同一个方向走。复述对方的话，让对方感觉被倾听，被理解，然后两个人一起想办法，寻找解决方案。如果大家一致认为医生无能为力，丈夫可以说："如果你能再给医生一次机会，我就不会那么焦虑了。"妻子听到这句话的感受和听到带有攻击性的"你应该……"的感受会完全不同，因为丈夫定义的是他自己，他在对自己的反应负责，而不是把责任推到妻子身上。当一个人在一段关系中学会示弱并且保持更加开放的态度时，另一个人通常也会效仿。

————

争论模式6：回避冲突

★★★

妥协并不是完全同意别人的意见，因为那会导致怨恨和疏远。如果总是回避冲突，不沟通，也不解决，意味着你们之间有个话题是禁忌，大家都避而不谈，久而久之，两个人可以谈论的话题就越来越少，这段关系就会出现裂痕。如果不坦诚沟通彼此之间的分歧，关系迟早要结束。我并不是说不能放下冲突，让自己得到释怀。如果你有积怨或不满，最好将其放下。但以夫妻为例，如果妻子只是一味地忍受丈夫的言行，压抑自己的感受，可能会换来一个家庭表面的和谐，但最终她会感到孤独，得不到理解。害怕争吵可能会导致亲密关系变得冷淡，只会让你痛苦，而不会让你变得更好。我们首先要做的是设定界限（在第一章讨论过），另一个关键点是即使不采取行动，也要允许自己充分地表达感受。

我们来看看下面这个例子。一个男人发现妻子有外遇，写了这封信给我。

我妻子出轨后，我们六年的婚姻走到了尽头。我们做过几次伴侣心理咨询和个人咨询，但妻子觉得做咨询就像接受“审判”，拒绝再和我一起去。我告诉她，我为婚姻破裂而难过，她说她很同情我，但接着又说我只是在对她进行“情感勒索”。

为了不影响孩子，我们一直都保持着表面的和平。我不想成为一个充满愤怒与仇恨的前任，但我确实有很多压抑的愤怒。她的行为给我造成了太多的创伤，也伤害了我们的孩子。我一直压抑着这种情绪，甚至为自己有这样的感受而内疚。妻子说她必须活出真实的自己，忠于自己的情感，她只是个普通人，她已经尽了最大的努力。我的咨询师曾经问过我：“我听到的都是关于你如何理解你的妻子，我不明白你为什么不生气呢？”

我觉得愤怒本质上是一种情绪失控，因为事情没有按我想要的方式发展。这种想法让我很害怕，所以我拼命压制我的愤怒。我还没有处理好愤怒的感受以及由此产生的内疚感，又怎么可能把愤怒发泄出来呢？

对很多人（包括这位男士）来说，愤怒就是“不好的”。人们经常把它和“情绪失控”联系在一起，认为愤怒等同于幼稚、不能控制冲动和索求无度。如果有人大声呵斥我们，我们通常会感到害怕。我们不会去注意听对方喊出来的话，只会觉得声音很吵，很可怕，令人肾上腺素飙升。在这样的情况下，我们是不可能有安全感的，因此无法敞开心扉交谈。所以，当你觉得自己正在受到攻击时，反击是很自然的。

我们对愤怒有很多负面看法，其实这种感受并没有错，错的是伴随感受而来的破坏性的或令人恐惧的行为。很多时候，成年人会让孩子觉得他们所有的负面情绪都是错的，比如生气、悲伤等，其实成年人真正反对的是孩子在生气时表现出来的行为：大喊大叫、打人、哭闹。经常接触婴幼儿的人都知道，婴幼儿并不是总能很好地表达自己的感受，但他们非常擅长发泄情绪，比如咬人、尖叫、躺在地上捶打地面，试图摆脱让他们不舒服的困境。所以，当一个婴儿把玩具扔出婴儿车时，他实际上是在尽最大的努力表达他的感受。

有时候，孩子表达感受会让你觉得心烦，但你一定不要否定孩子的感受，（比如，你8岁的孩子说“我不想上学”，当你正赶时间，有自己的事要忙时，你很容易脱口而出：“你必须去，就这样！”）也不要批评他不懂事。父母都希望孩子快乐，所以当孩子不快乐时，父母会急着说服孩子，逼孩子快乐起来。这样做可能在短期内让父母感觉好一些，但孩子会觉得自己的感受没有被认真对待，以后他就不会再和你分享任何感受。

忽视或否定孩子的感受，对孩子未来的心理健康有害。感受和本能密切相关，否定孩子的感受，可能会削弱他的本能。经常教育孩子对某些事不做反应，比如告诉他“别胡闹了，别大惊小怪”，孩子可能以为自己真的是在胡闹，当他遇到危险的事情时，就不会再告诉父母，那就会危及他的安全。我不是说父母不应该安慰孩子或让孩子学会克制，也不是说父母要对孩子的感受屈服和妥协，而是说父母需要认可并认真对待孩子的感受，这样孩子也能对他人的情感产生同理心，认识到一个人的感受可能与另一个人的不同。

如果孩子在成长的过程中没有被这样对待过，长大后他就不知道该如何表达感受，因为他认为他的感受是不被接纳的，是幼稚的。如果写信的这位男士在成长过程中得到了父母的帮助，找到了能被接纳的方式表达他的愤怒，现在他就不会陷入不知如何处理感受的境地。

如果小时候没有人教过你如何处理感受，现在开始学习也并不晚。不是通过大吼或咒骂让你生气的人和事来发泄愤怒，而是把愤怒用语言表达出来。这就是心理治疗中所说的“处理感受”（processing feelings）。当你能冷静地谈论自己的感受时，你就能掌控这种感受，而不是让感受掌控你。如果没有养成这种习惯，你就会继续用不妥当的方式发泄感受，或者压制它，试图让它消失。

当愤怒来袭时，通常都是因为触发了过去的反应，而不是因为现在发生的事情。认识到这一点，你就可以在任何冲突情况中学会认真对待自己的感受。也许有人说你错了的时候，你会突然大发雷霆，这种愤怒其实不只是针对当下的事件，也是你过去每一次被否认或被打压时积累起来的反应。在上面的例子中，这位男士把他的愤怒放到一个盒子里，并且坐在盒盖上牢牢压住它。也许他害怕如果把盖子打开，就会发生爆炸。但这种感觉并不好，会慢慢消耗他内心的力量，这是一种不可持续的状态，所以他不得不通过每次释放一点来帮助自己缓解。

管理愤怒意味着既能控制愤怒，又能表达愤怒。许多人学会了麻痹情感，因为有感受往往就意味着在某些时刻会体验到痛苦。可问题是，当你试图阻挡负面感受时，也同时阻挡了正面的感受。你无法淡化悲伤和痛苦，并强化幸福和快乐。情绪不是混音台，而是只有主音量。你只要把一种情绪调低，所有的情绪也会一并被调低。当别人没有按照你期望的方式做事时，你的愤怒是可以被接纳的，你有权愤怒，但你无权因此而伤害任何人。当然，这也并不意味着你需要把愤怒埋在心里，任其伤害自己。告诉自己没有权利愤怒，这样只会增加你的内疚感，加重你的负担。

如果你对某种情况或某个人感到愤怒，无法心平气和地说话，那就找一个靠垫用力拍打，或者对着它大声尖叫。一定要使劲喊出来。你需要找一个安静的地方和一个能共情你、支持你的见证者，在那里大声尖叫。我曾经走进一片田野，对着一棵无辜的大树大喊。树是不会介意的，这个方法真的有用。你也可以通过写信来表达你为什么如此愤怒，列出每一件不公平的事，然后写出为什么你觉得不公平，再写出为什么这不是你的错以及你有多愤怒。不要寄出这封信，而是把它烧掉，再把余烬丢到水里，看着它漂走。你可能需要连续一个月每天写一封信，把情感变成文字表达出来。或者去健身房练拳击，让沙袋承受你的愤怒。在一个安全的空间一次次地发泄愤怒是没问题的。你可以控制好，每次释放一点。

只有当你给了自己足够的空间去感受你全部的情绪时，你才能平静地描述你有多愤怒以及你为什么愤怒，并以开放的心态从另一个角度看待整件事。这个男士有权表达他的愤怒，就像他的妻子认为她有权表达真实情感一样。希望我能说服他，愤怒并不是幼稚的表现，我们可以用不伤害他人的方式表达愤怒。

———

争论模式7：当冲动占上风时

★★★

我们本来可以很好地处理感受，但有时冲动占了上风，就难免会做出一些后悔的事，或者说出一些违背本心的话。到目前为止，给我写信的读者中，年龄最小的是一个9岁的男孩，他和他母亲一起给我写的这封信。我很喜欢他们共同给我写信的方式，母亲没有背着孩子找我，说明母子之间是能够坦诚沟通的。

前不久，我儿子在学校弄伤了一个朋友。老师批评他的时候，他马上就住手了。这个朋友现在已经原谅了他，还邀请他参加生日聚会，但这件事一直困扰着我儿子，他

仍然为此感到难过和不安。做这样的事完全不符合他的性格，他无法解释自己为什么要这么做。

下面是我儿子写给你的话：

我今年9岁，几个月前，我掐了我朋友的脖子，掐得很紧，弄伤了他。我也不知道自己为什么要这样，也许是我情绪太烦躁了。现在我特别后悔，从那以后我每天都感到内疚。我向他道歉了，而且一直在道歉。被我伤害的朋友很快就原谅了我，但我似乎无法原谅自己。我不信教，所以我不能向上帝忏悔，请求宽恕。事情发生后，我很痛苦，也不想说话，这些感受我一直憋在心里。一想到这件事，我就胃疼。我写这封信是希望您能告诉我该怎样调整。

是的，万能的上帝拥有宽恕的力量，会让事情变得简单，但我们很多人不信教，所以我们需要别人的建议。我告诉这个男孩，也告诉其他带着类似问题来找我的人：没有人能保证自己一直都是好人。羞耻感和内疚感会让人不舒服，但它们是好的感受，因为它们在提醒我们，以后不能再这样做。就像我们做实验，失败了也并不是坏事，因为它能让我们知道这种方法

是行不通的。

我们只有一个大脑，但它又分成几个部分，一部分是动物脑，一部分是理性脑。在发生紧急情况的时候，比如你走在马路上没注意看路，在公交车快要撞上你之前，你立刻跳到了人行道上，这就是动物脑在发挥作用。我们需要动物脑，因为有时我们需要在思考之前先采取行动。婴儿和儿童几乎都是动物脑。随着我们长大，我们学会了什么时候应该转换成动物脑，什么时候应该处于理性脑模式。有时候，动物脑会占上风，因为它分不清何时需要立即采取行动才能生存下来，何时需要深思熟虑之后再做出反应。在孩子还小的时候，有成年人照顾他们，他们是被允许犯错的，因为错误可以帮助孩子学习和成长。这个男孩和他的朋友都不会有事，因为老师会来制止。老师一提醒，男孩马上就停下来了，而且立刻意识到自己不能伤害朋友。我认为这就是胜利。我不担心这个男孩，因为他的老师和妈妈会继续帮助他学习什么时候适合让动物脑控制自己的行为，什么时候不适合。

男孩在信里说他情绪烦躁，我怀疑这是成年人找的原因，当情况变得复杂时，成年人喜欢这样解释。也许男孩被人取笑了，或者感到压力很大，在那一刻，他唯一能表达或发泄的方式，就是掐住朋友的脖子，给别人施加同样的压力。要克制冲动有个好办法，就是在我们的动物脑感知到紧急情况之前，把

在开始交谈之前，

我们不需要把

所有的事情都弄清楚——

有时我们与他人交谈时才

发现自己的感受是什么，

或者自己意识到了什么。

这种感受用语言表达出来。也许很难做到，但说出来确实能缓解压力。

这个男孩的故事也说明，当我们做了一些后悔的事情时，我们很难原谅自己。我们是人，人都会犯错，这是我们学习和成长的方式。即使是成年人，有时也会在不适当的时候被动物脑支配。并不是所有人都能轻而易举地控制冲动，关键是要培养四种能力：抗挫折能力、灵活应变的能力、解决问题的能力、从他人的角度看待和感受事物的能力。有些人在成长过程中就自然而然地掌握了这些技能，而有些人则需要在成年后学习这些技能，学习认真思考后再做出正确反应。这是一个缓慢的过程，需要保持耐心，反复练习，有时还需要专业帮助。就像在健身房锻炼出新的肌肉需要时间一样，在大脑中建立必要的新神经通路也需要时间。

如果你发现自己在和别人争吵后感到焦虑和担心，不要让自己陷在这种情绪里，你可以后退一步观察自己的焦虑和担心。你的大脑负责观察的那部分，也就是你的理性脑会告诉你，感到烦恼和内疚都是很正常的，但你没有必要这样。你可以把这些感受发泄出来，比如大哭一场或者大喊几声（可以对着一棵树，或者对着能理解你的人）。

关于焦虑和担心，还有一点要注意：想法和思维方式是有区别的，想法是对你当下体验到的感觉的一种解读，你在一天中会有成千上万个想法，如果你集中在一个想法上，并且不断强化它，它就会变成思维方式。所以，你要学会让想法流动起来，不要困在其中。抓住那些好的想法，让其他的想法尽快流走，这就是控制焦虑的方法。

———

在命令和
请求之间

★★★

有句话大家可能都听说过：“重要的不是你说了什么，而是你怎么说的。”我们无法控制别人的行为举止，但我们可以控制自己与别人交谈的方式，这就是学习沟通的好处。

在职场沟通和职场关系中经常会出现这样的问题：如何在过度冷酷严格和过度宽松随和之间找到一个平衡点？我们来看看下面这个冲突恐惧症的例子。

我是一个部门主管，可我感觉自己并不胜任，就像个冒牌货，迟早有一天会被人识破。我有什么想法都不敢说出来，害怕被人发现我的漏洞，得到负面评价。我也不敢

给别人提意见，更不敢批评人，就怕他们心里怨恨我。

我根本不适合做管理者，在这个职位我感到很痛苦。我不知道该如何带领大家工作。我觉得鼓励会比命令更让人舒服一些，所以我从来不发号施令，每次都是用请求的语气对别人说话，就像一条摇着尾巴的小狗："拜托，拜托，如果可以的话，请你……"说实话，我也感觉这样很累，还没开口，内心已经开始焦虑挣扎，想象着各种会引起冲突的情况，最终选择"友好又客气"的方式与人交流。

我对一切冲突都感到害怕，大部分时间都在担心自己是不是让别人不高兴了，是不是说错话了，是不是被人误会了。一想到自己做的某件事或说的某句话有可能会得罪人，让人不爽，我就陷入深深的不安甚至崩溃。

我知道这种性格对工作没有帮助，可是似乎又无从改变。我觉得自己好像从来没有真正长大。我也尝试过参加领导力培训，可是没有用。

如果我们过度取悦他人，可能会产生与我们预期相反的效果。因为人们通常不喜欢被过度奉承。当我们拼命迎合别人时，会在这个过程中失去立场和判断力。当然，我们也不能完全不考虑他人的想法和感受。

要找到介于“命令”和“请求”之间的说话方式，有个简单的方法，就是想想你希望别人用怎样的方式要求你做某件事。你一定不希望是“模棱两可”的方式，因为那样你就不知道这件事到底重不重要。你也不愿意被人命令，好像你是个奴隶或者没有脑子的机器人。所以，我们可以尝试直接的交流。要做到这一点，记住，还是要用“我”陈述句。不要说“你开会总是迟到”，而要说“如果让他们等的时间太长，我们会失去这个客户”或者“我需要你提前五分钟到会场”。原则就是：首先说明他的行为会产生的后果，然后说你希望他有什么样的行为。

如果你想让别人做某件事，可以给他一些选择，但选择不能太多。这个原则在工作之外也适用。你可以对下属说：“我们下班前谈谈这个问题，你是想当面谈还是电话谈？”但不要说：“我会跟你谈谈这个问题。”也不要用请求的语气说：“如果你有时间的话，我们能聊聊吗？”首先要明确，谈话一定会发生，然后让下属选择谈话的方式，这样他听起来会更舒服。

要做到自信，就要改变说话方式，当你在“命令”和“请求”之间找到平衡点时，你会发现职场沟通没那么难。此外，如果你和写信的女士一样，正在与“冒充者综合征”[1]做斗争，这个方法会有助于你减轻症状。我们的对话要以相互尊重为目标，而不是为了讨对方的喜欢，这会让大家都感觉更好。最好的管理者不是那些发号施令的人，而是在做决策时会倾听、尊重他人和听取他人反馈的人。

还记得我之前的建议吗？在描述问题时用“我”陈述句，而不是用“你”陈述句。避免使用“应该”和“必须”这样的词，不要玩“我对，你错”的游戏。这些方法不只适用于你和你的同事发生冲突时，也同样适用于你和你的伴侣、孩子、婆婆或者你最好的朋友对话时。学会自信地表达，对你生活的方方面面都会有帮助。

---

1. 冒充者综合征（impostor syndrome），又称自我能力否定倾向，是保琳·R. 克兰斯（Pauline R. Clance）和苏珊娜·A. 艾姆斯（Suzanne A. Imes）在1978年发现并命名的，是指个体按照客观标准被评价为已经获得了成功或取得了成就，但是本人却认为这是不可能的，自己没有能力取得成功，感觉是在欺骗别人，并且害怕别人发现自己的欺骗行为。——编者注

不要害怕结束关系

★★★

到目前为止，本章讲的都是关于如何解决关系中出现的问题。但当一段关系已经不值得挽救时，我们就没有必要去解决冲突，而是应该果断离开。结束关系并不像我们想象的那样具有破坏性，有可能这是你最好的前进方向（如果你还不习惯结束关系，请考虑一下这种做法）。恋人之间分手很常见，但分手不仅仅局限于亲密关系，重要的是要记住，我们可以在任何关系中优先考虑自己的幸福，即使这意味着要结束关系。你可能会让对方失望，但不可调和的矛盾会让你们的关系无法继续下去。不是每个人都注定要永远留在我们的生命中，认清这一点，然后采取行动吧。

我想到了下面这个例子，有个年轻女孩被朋友邀请做伴娘。

我有个朋友一年前订婚，因为疫情影响，婚礼被推迟了两次，现在又要推到明年了。

她订婚时只邀请了几个朋友，我是其中之一。我们是读中学的时候认识的，因为性格相近，成为挚友、死党，经常在一起谈天说地，分享彼此的小秘密。毕业后我们考入不同的大学，她很早就步入社会，继承家族企业，在父亲的公司做高管；我就像大多数年轻人一样，苦读、深造、求职、打工、奋斗，尝遍生活的各种滋味，在这个过程中又认识了新的志同道合的朋友。我和她逐渐变成两条平行线，朝着各自的方向发展，再也没有交集。

她家境富有，从小就被宠成公主，难免有些清高甚至自私，所以这些年来她真正的朋友寥寥无几。一年前，她邀请我做她的伴娘，我实在不好意思拒绝，就答应了。

可是这一年来，我时时刻刻都在后悔。她说她工作很忙，约见面绝对不能在工作日，而周末她又不想出门，只能我去她家。每次见面都是听她滔滔不绝地讲她的婚礼计划，要不就是和未婚夫吵架又和好的经过，她从来不关心我的生活，我是否开心，有没有烦恼，这些都与她无关。后来我就很少见她了，好几个月都不联系，其实现在的我们没有任何共同兴趣，也没有共同的朋友，我甚至都没见过她的未婚夫。可以说我们俩都没有为维系友谊投入时间和精力，时过境迁，这段友谊早已变质。

她非常在意她的完美婚礼，想要策划得隆重而又豪华，这是我们之间的另一个分歧。我收入不高，实在负担不起为期四天去国外参加女子单身派对[1]的费用。说实话，我不想参加派对，不想当伴娘，甚至根本不想参加她的婚礼。朋友们劝我说只有这么几天，稍微忍耐一下就过去了，但我从来没有像现在这样想快点和她断交，摆脱这个困境。

我们在生活中都遇到过这样的人，他们在与人相处时只考虑自己，比如约见面时只挑自己方便的时间和地点。双方在这段关系中的付出非常不对等，对方却期望我们继续为他们付出更多。上面的例子就是这种情况，女孩的朋友希望她能兑现承诺，做完美的伴娘，这给她带来莫大的压力。如果她能摆脱这个困境，她不仅能节省下一笔开销，得到四天的自由时间，还

1. 为即将结婚的女性举办的晚会。——编者注

有时候，做真实的自己意味着
我们不能一直像自己希望的
那样待人友善。
如果这让你感到内疚，
记住，内疚总比怨恨好。

可以从持续一年的焦虑中解脱。当“恶人”的感觉确实不好，就像拔牙一样，要忍受一时的不适，但你从此不必再违心地勉强配合别人，这种解脱感将会弥补之前的短暂不适。

如果我是她，我会给准新娘写这样一段话：

亲爱的X，真的很抱歉。一年前我答应做你的伴娘，我知道应该遵守诺言，但随着你婚礼的临近，我发现自己并不想当伴娘，也不想参加单身派对，甚至真的不想参加婚礼。我知道这样做对你来说很不够朋友，我很抱歉。不只是钱和时间的问题，主要是因为我不想勉强自己，不想因为自己状态不好毁了你的婚礼。希望你能度过美好的一天。我很抱歉。

爱你的Y

曾经对我们很重要的人，现在却和我们渐行渐远，这个事实可能令人难以接受，但它确实会发生。如果有人让你的生活充满焦虑，你很想和他断绝来往，但又犹豫不决，因为你觉得这是不被认可的行为，那么现在，我来认可你。你不需要任何

理由，你的焦虑就是足够的理由。有可能对方不这么看你们的关系，而且会感到很受伤，那也没有办法，你们两个人中一定会有一个人痛苦：要么是你焦虑，要么是对方伤心。放过自己，远离让你焦虑的人，不要再让他们对你进行情感绑架。

———

破裂与修复

★★★

如果有人背叛了你，或者摧毁了你的信任，你会很难原谅他对你的伤害，也很难放下由此产生的怨恨。下面这封信写的就是这样的情况。给我写信的女士已经和丈夫结婚30年了，有一天，她吃惊地发现，丈夫有一段持续20年的婚外情。

我错拿了他的手机，以为是我的，结果发现一条来自陌生女人的短信。从聊天记录看，他们一直在互发消息，字里行间充满深情。我问他这是怎么回事，他告诉我，20年前他和这个女人开始了婚外情，两个人在一起5年，后来他觉得很内疚，就和她分手了，那个女人非常痛苦。他对我发

誓，这些年他从来没有想过要离开我。现在他们又恢复了联系，他偶尔会去看她，但他赌咒发誓说，他们两个人都不想破坏我们的婚姻。我感到很震惊，因为我看到了他不为人知的一面。他一口咬定他们现在只是朋友，但在短信里，他告诉她他爱她，而这句话他很多年都没对我说过了。

他也已经很久都没碰我了，我还一直以为他不喜欢亲热。哪怕是过去这几周我最痛苦的时候，他都没有拥抱过我。我觉得身体的接触能让人感到一些安慰，但我们之间似乎再无这种可能。

他的这段婚外情夺走了我们婚姻中太多的东西，他也认同这一点，并且一再对我表示歉意。我们今年都60多岁了，有孩子也有孙子，和他离婚，拆散整个家庭，这样的想法似乎太不现实。我们都同意试着修复关系，但我又在想：要和一个精神与肉体出轨这么多年的人继续生活，我是不是疯了？我是在犯傻吗？我是不是太软弱、太可悲了？夫妻之间如果出现这样的情况，还有修复的可能吗？

——————

值得注意的是，她向我提出的问题并不是他们是否要分开，而是他们是否可能修复关系。首先我想说明，她并不是在犯傻，也不是软弱，更不是可悲。是的，有些夫妻确实能在这样的情况下和好如初，但是感觉比登上珠穆朗玛峰还难。有时，遭遇背叛的那一方会出现创伤后应激障碍[1]，因为他们的心理健康和安全感都受到了破坏。

如果不把所有问题解决（也许还需要伴侣治疗师的帮助），就很难给这段婚外情画上句号。作为遭遇背叛的一方，妻子需要应对婚外情带来的创伤、真实感的幻灭以及对自己直觉的怀疑，复原的过程要花很长时间，而她丈夫也不可能很快走出来。重要的是，他们都要坚持下去。两个人需要达成共识，只在特定的时间讨论这个话题，比如一起进行伴侣治疗时。在治疗师的专业指导下进行对话，能确保他们不会情绪失控。

当一段关系中的两个人（无论是恋人、朋友还是家人）产生裂痕时，如果想要修复，就必须学习新的沟通方式和相处方式，找到新的方法来处理冲突以及重建信任。最重要的是，他们需要积极主动地敞开心扉，分享感受，包括自己的愤怒、欲望和想法，这样才能找回失去的亲密和温情。他们需要把注意力从关系中的“错误”转移到“正确”的事情上，比如那些温馨有爱的点滴。在处理冲突并重建信任之前，他们首先要养成

1. 创伤后应激障碍（PTSD）是指个体经历极大威胁、创伤性事件或一系列应激事件后，出现持续时间一个月以上的精神障碍。主要表现为创伤性事件的再体验、回避和麻木症状以及警觉性增高。——编者注

充满爱的行为习惯。令人惊讶的是，当我们把爱和宽恕付诸行动时，我们也能感受到更多的爱。行为决定感受，亲密的交谈能让我们在情感上同频共振，互相理解，这是所有关系的基础。

如果你是那个造成关系破裂的人，你也会有同样的痛苦。下面这封信是一位移居国外的男士写的，他说自己现在和女儿的关系很疏远。

5年前，我和妻子离婚，我决定离开英国到国外生活，那时我的女儿21岁，刚大学毕业。对我来说，出国是一个正确的选择，给我带来了很多事业上的成功。我创办的几家公司都生意兴隆，还负责管理一个国际慈善机构。离开英国后，我的个人生活也好起来，我再婚了。

当年我从家里搬出来的时候，女儿和我的关系不是很好，因为她一直站在她母亲那一边。那段时间我很消沉，我觉得英国的生活不适合我。当我决定离开英国的时候，我没有告诉女儿，而是在离开的前一周才告诉她。现在回想起来，我很后悔当时那么做。我和女儿到现在都没有和解，这是我人生中最大的遗憾。

我觉得造成隔阂的原因不是我移居到了国外，而是我没有早点告诉她。我的处理方式对她和对我而言都很糟糕，后果很严重。我猜她当时一定觉得被我抛弃了，但后来我打电话她都不接，所以我不确定是不是这个原因。

我对现在的生活很满意，唯一遗憾的是生活里没有女儿。我很爱女儿，可我不知道该如何处理我们之间的隔阂，这种痛苦时时刻刻折磨着我。我觉得她已经把我从生活中彻底抹去了，我现在的妻子建议我再试着重新联系女儿，但我不知道该怎么做。随着时间的流逝，感觉我们和解的可能性越来越小。

这位男士现在生活得不错，事业也很成功，但父女关系失和仍然是他人生中巨大的缺失和遗憾。

导致关系疏远的原因不是某种特定的沟通方式或特定类型的冲突。当一段关系破裂时，不同的当事人往往会认为是不同的原因造成的。比如，亲子关系出现问题，父母通常会觉得是他们离婚引起的，或者是前任在孩子面前说他们的坏话，但在问题家庭长大的孩子提及最多的是父母的虐待，包括言语辱骂、疏于照顾，感觉自己不被看见、不被接纳、对父母来说不重要。也许这位男士的女儿确实不满意父亲直到最后一刻才告诉她离开英国的事（也许她希望从一开始就知道他的想法，或者希望他更关心她和她的生活），但这不太可能是她现在和父亲断绝来往的原因。人与人之间产生情感隔阂往往是在一个大的事件发生之后，比如父母宣布离婚（在这个男士的例子中，是他告诉女儿要移居国外），所以我们倾向于认为就是这件事导致了关系破裂，但它不会是主要原因。造成今天的局面通常是因为许多事情的累积以及对方是如何体验、理解和感知这些事的。

如果我处于这位男士的境地（或者面临我爱的人决定和我断绝关系的情况），我会写信给女儿，告诉她我很难过。我会说，我想试着从她的角度来理解这件事，请她告诉我她都经历了什么以及她是如何看待这段经历的。如果她回复我，我会再试着去了解导致她走到这一步的所有事件和感受。我会把她告诉我的话再复述给她，这是为了让她知道，我认真听了她说的话，而且我不打算为自己辩解。任何辩解都会重新点燃女儿的怒火，对这位男士没有任何帮助。

证明自己是正确的，并不是修复裂痕的最好方法，最好的方法是倾听和理解，并且让对方知道你理解了他。只有当我试图重新建立联系的那个人感到自己被理解了，同时他也想知道我的经历的时候，我才会接着对他说，哪些事我很后悔，哪些事我不后悔。无论他是否回应我的示好，我都要让他知道，我心里一直记挂着他。

如果一段关系破裂，尝试修复永远不会太晚。行动不一定会有结果，但还是要去尝试。打开这扇门，也许什么都不会发生，但如果一直躲在关闭的门后，就永远不可能发生任何改变。

世上有多少种人，就有多少种争论的方式。本章列举的案例并不是让你作为模板使用的，因为每一段关系都是不同的，每一次争论也迥然相异。

然而，我希望通过探索争论的一些常见模式，帮你认识到你与他人沟通和联系的方式是否适合你。如果不适合，希望这一章能给你提供一些改变的思路。我们的目标不是避免争论，或者在争论中获胜，而是让关系顺利发展，双方达成共识和理解，最终建立更牢固、更可靠的关系。

3.

面对变化：如何带着未解决的冲突生活

我们对变化的恐惧
往往源于那些
未解决的冲突。

我们总是自欺欺人地认为生活可以一直保持原样，或者认为世间有永恒存在，但实际上，生活中唯一不变的是变化。婴儿变成孩子，孩子变成成年人，成年人逐渐变老，最后走向生命的终点。无论你的人生轨迹如何曲折，改变都是永远不变的规律。

一个心理健康的人可以接受变化，并且根据自己和周围生活的变化不断调整适应，但改变对每个人来说都不是那么容易接受和实现的。也许你陷入了生活的困境，想要打破旧习惯，建立新习惯。也许你害怕变化，但又无法阻止它的发生。也许你渴望改变，但又不知如何实现。

本章将帮助你直面变化，并了解你对变化的态度。这样做有助于你发现自己是否想要改变以及应该从哪里开始改变。我会给你提供一些能够付诸实践的建议。最重要的是，我希望能带给你信心和安慰，让你更有勇气面对未知和新事物。

————

对自己的行为负责

★★★

我收到过很多来信，内容都是在诉说别人的行为有多恶劣，让自己的生活变得多么糟糕，并问我能做些什么来对付这些讨厌的人。我的回答可能让那些写信的人失望——我通常告诉他们，如果想要改变，必须从自己开始，首先要对自己的感受和行为有一定程度的觉察。

举个例子，你可以花点时间注意你的呼吸。当你观察自己如何呼吸时，你会下意识地放慢呼吸，这时你会感到很平静。这个原则不只适用于呼吸，你可以用同样的方法观察你如何管理自己的身体、想法、信念系统，如何影响他人并与他人建立联系。完成这项工作后，你才有可能做出改变。你需要投入时间认真思考并实践，这样才能取得突破，改变你的生活。

当我们希望改变一些事情时，我们总是寄希望于外部因素，最好是天降救世主，让我们遇到白马王子，或者买彩票中大奖，或者我们的另一半性格转变。这种被动等待的想法很正常，但并不可行。我收到了一位男士的来信，他说自己对初恋女友念念不忘，深陷在过去走不出来。他发现陷入消极情绪似乎比拯救自己更容易，把自己的感受归咎于别人比探索自己感受的由来更容易。

> 我高中毕业即将进入大学的时候爱上了一个女孩，她是我的初恋，我对她投入了全部感情，没想到最后她向我提出分手。这件事彻底把我击垮，让我精神几近崩溃。失去初恋的痛苦一直折磨着我，我勉强完成了学业，但没有继续深造，放弃了本来前途大好的学术生涯。过去的事总是困扰着我，我觉得“一切本不该如此”。那个女孩后来在学术上取得了许多辉煌的成果，而我这几十年来一直在接受抑郁症的治疗。
>
> 后来我遇到了现在的妻子。我们在一起很幸福，有了两个可爱的孩子。一年前，初恋女友突然联系我，给我的生活带来了巨大的转折。我们一直保持联系，但没有见过面。终于有机会解开几十年来的心结，我感觉很开心。

妻子发觉了我的异常，开始怀疑我。也许是我心虚，我总感觉妻子在监视我，我的一举一动都让她感到不安。其实我很少主动联系初恋女友，她也没有表现出进一步发展的意愿。她现在还是单身，但并不想做第三者，破坏别人的家庭。我希望和她像朋友一样相处，她是我心中的白月光，我想借这个机会处理过去的创伤，这样做对我非常有帮助，但我妻子肯定不能接受。我不知该何去何从，她们两个人我都无法割舍。

从这位男士的叙述来看，他似乎并不需要为自己的生活状态或任何行为负责，他没有人生自主权，他的感受和发生在他身上的事，都是因他人而起，而他只是被动地接受一切。唯一能肯定的是，他不会出轨，因为他的初恋女友不想做第三者破坏别人的家庭。他需要反思一下自己是如何走到这一步的，而不是把自己当成在初恋女友和妻子之间传来传去的沙滩排球。

我发现，当人们陷入困境时，经常意识不到自己是可以选择如何应对的。他们只觉得自己无能为力，无法控制发生在自己身上的事情，不愿承担后果，也不想对自己的行为负责。就好像他们被困在汽车的后座动弹不得，只能责怪司机没有把他们带到想去的地方。的确，有时候会发生一些神奇的事情：有些人买彩票中了大奖（前提是他们去买了彩票），或者碰巧在正确的时间出现在正确的地点。有些事情的确取决于运气，比如出生在富裕家庭，可以接受一流的教育。尽管运气会对我们有些帮助，但我们不能只凭借运气生活。

某些经历会让我们发展出一种受害者心态，这种心态会渐渐成为一种人格特质，但它只是对先前环境的应对机制，并且可以改变。有些不幸的人生经历会引发我们的自我保护机制，导致我们过度警觉，感觉全世界都在和自己作对，总是注意他人的负面意图，认为世间一切都是非黑即白。

具有受害者心态的人有个明显特征，那就是对别人的建议无动于衷，而且还会列出一大堆理由来证明“此路不通”。这会让试图帮助他的人感到困惑和失望。成为受害者没有任何好处，但拥有受害者心态似乎有些好处，比如不需要对生活中发生的任何事负责，并且可以把所有坏事都归咎于别人。如果你有这样的想法，要记住，尽管我们无法掌控别人的行为，但我们可以掌控自己的应对方式，我们可以改变自己的应对方式、信念系统以及对事情重要程度的排序。

我想到了奥地利心理学家维克多·弗兰克尔（Viktor Frankl）。他在第二次世界大战期间被关入集中营，即使在最无助的时候，他也意识到他有能力控制自己的想法，并把它们引导到正确的方向。他说："人类最大的自由，就是在任何既定的环境中，都有权利对自己的态度和应对方式做出选择。"所以他能找到生命的意义，他能控制让哪些想法进入他的大脑，而不是任由那些琐碎卑微、毫无益处的想法干扰他。

如果我们总是因为自己的感受或生活中发生的事情而责怪别人，如果我们一直抱怨自己运气不济，那就意味着我们没有勇气面对自己陷入困境的原因，也不愿去探索如何摆脱困境。与其为了不可改变的既成事实自叹自怜，不如努力适应和应对生活中的起起落落。正如励志演说家艾德·佛曼（Ed Foreman）所说："如果我们总是按照以前的方式行事，那么我们永远只能得到以前的结果。"我们需要意识到自己已经养成了哪些行为习惯，并通过意志力做出改变。

为了适应早期环境，我们建立了相应的行为模式，在这个过程中，我们会根据现实情况想出更好的策略帮助自己生存下来并健康成长。但是当我们迈入新的人生阶段时，比如离开家进入学校、从大学走入职场，我们会发现这些防御机制变得不再适用。比如，你可能在童年时期学会了保持安静，总是找个别人看不到的地方躲起来，以避免挨打或受到责骂，但在职场中，这种低调寡言的处世策略会阻碍你受到关注，导致你无法获得晋升。这样的性格还会影响你的交友和恋爱。又或者，你早期的防御机制是以戏谑的态度对待所有事情，因为这样做能

要摆脱困境，最简单的方法
就是对自己的行为和信念系统负责。
观察自己的行为模式，
看看它们是否受到了过往经历的影响，
然后开始直面你现在所处的困境。

让你受欢迎，并且你能通过这种方式化解自己的窘境，隐藏自己的真实感受。然而，如果你不分时间场合总是这样和人交流，你的人际关系就会出问题。

摆脱困境的第一步是对让我们陷入困境的模式有更深刻的认识，因为这些模式已经根深蒂固，我们很难精准地识别它们，甚至可能意识不到自己对它们的依赖。我们必须改变，这样才能成长并适应当下以及未来的人生。当我们识别出这些模式后，我们就要尽快抛弃旧有模式，根据当下的情况采取更有利于自己的应对模式。

回到给我写信的男士。我认为他的当务之急是反思一下自己的行为模式和习惯是如何导致他陷入困境的。他需要摆脱受害者心态，逃出那个内心受伤、为爱痴狂、不切实际的十几岁男孩设置的牢笼。这个男孩已经囚禁了他几十年，唯一能把他从牢笼里释放出来的人就是他自己。他不能再做初恋女友和妻子之间传来传去的沙滩排球，而是要自主决定自己想要什么。无论是继续和妻子在一起，还是和初恋女友重拾旧好，或者两个女人都不选，他都可以坐在驾驶座上，朝着自己想要的方向行驶。当然，这样做的不利之处在于，他再也不能回到过去的模式，把一切都归咎于他人，而是必须对自己的决定带来的后果负责。

还有一种表现可以说明我们又回到了过去的模式，那就是

“自我挫败”[1]感始终阴魂不散，让我们感到恐惧。我们习惯了保持沉默，害怕表达自我。或者习惯了用玩笑隐藏自己的感受，不敢做真实的自己。我们害怕放弃自己的防御机制，会找很多借口继续保持过去的模式。有位来访者曾经告诉我，尝试新的反应模式感觉就像试着一步跨越科罗拉多大峡谷，一只脚踩在悬崖边，下一步就会掉下去摔个粉身碎骨。但事实上，当他终于抬起脚时，他发现峡谷只是想象，他的脚最终踩在了坚实的地面上。

首先了解是什么阻碍我们前进，然后学习对自己和自己的行为负责，这样我们才能去追求我们需要的和想要的东西。做到这一点并不容易。过去的岁月之所以宝贵，是因为它让我们学会如何更好地掌控现在的生活，而不是继续被过去支配。

---

1. 自我挫败（self-defeating），指失败时容易气馁、怨天尤人、过分自责的消极的自我心理防卫现象。比如，貌不如人会引起生理上的自我挫败，嫉妒他人的成就会引起心理上的自我挫败。——编者注

打破
“应该思维”

★★★

改变可能很困难，但能给你带来解放，你要抓住这个机会，打破已经根深蒂固的“应该思维”[1]，倾听自己的感受，做出必要的调整。改变有时具有挑战性，但并不一定意味着不可取。我们需要适度的刺激，随着环境、境遇和身体发生变化，我们要不断以新的方式做出反应，从而让情绪保持健康。

当我们离开熟悉的地方去探索一个新地方时，新的景象、氛围和文化会让我们的精神为之一振，更加丰富多变的环境可以提升自我价值感。研究人员曾经用老鼠做实验，发现当老鼠

---

1. 在《伯恩斯新情绪疗法》中，列举了十种常见的认知陷阱，也就是会导致心理障碍、让我们陷入消极状态的错误思维，其中一种是“应该思维”：当你试图用“应该”或“不应该”来激发自己时，这种思维方式会导致负罪感。当你用“应该思维”要求别人时，你会感到愤怒、灰心和怨恨。——编者注

处于富有刺激性的环境时，要比困在熟悉环境中时能更好地抵抗毒素的影响。我们无法在人类身上做这个实验，但老鼠实验可以证明我们的情绪感受能够对身体产生影响。

换一个新的环境不仅是指去国外度假。新的环境既可以是外部环境，也可以是内部环境，也许我们无法控制外部环境，但我们可以通过阅读、吸收信息、与自己对话、向他人学习来创造一个内部环境。还记得维克多·弗兰克尔的话吗？人类最大的自由，就是在任何既定的环境中，都有权利对自己的态度和应对方式做出选择。

许多人写信给我，说自己焦虑、不安、对现状不满，这可能预示着他们需要改变或者改变正在发生，也预示着旧的模式不能再维持下去（稍后我会详细说明）。下面这位来信的女士就是个典型例子，她说自己现在已经失去了热情和兴奋的感觉，在我看来，她极有可能从改变中受益。

我今年37岁，从事创意工作。我有个好丈夫，还有个可爱的孩子。我的问题是，我在事业上遇到了瓶颈，对生活也感到迷茫，经常莫名其妙地大哭一场。我读书的时候是个学霸，学习努力，成绩优异，考上了一所不错的大

学，但是现在我在事业上毫无建树，我甚至不确定自己是否还想继续从事这个行业。

我把大部分时间用来做别人希望我做的事，却根本不知道自己到底想做什么。20多岁的时候我做了很多违心的事，我厌恶那时的自己：和自己并不真心喜欢的男人交往；每天机械地拼命工作，只为让自己的简历更漂亮，可是并没有因此得到晋升。

值得欣慰的是，如今我终于意识到了这个问题，但我又担心为时已晚。我一直在投简历应聘新工作，但有哪个公司愿意聘请快40岁的妈妈呢？并且，就像我前面说的，我不确定自己是否还要留在这个行业。我该怎么做呢？请帮帮我。

可能受父母或传统观念的影响，我们从小就学会了一套强大的生存法则。许多人都认为我们应该努力学习，考上名校，进入一个竞争激烈的光鲜行业，然后不断向上爬，最终出人头地。这可能是适合大部分人的人生轨迹，但并不适合所有人。这位女士的问题是她的人生方向盘不知在什么时候被人偷走了，而她要做的就是把方向盘找回来。

我认为她对自己不满，是因为这么多年来她一直在玩一种名为“力争上游”的游戏。她给自己规定，必须在某一年达到某个里程碑。就工作而言，她总是执着于让别人看到她在做正确的事情，或者是为了美化简历去做很多事，而不是为了获得成就感和满足感。我们难免为了挣钱委屈自己做着并不喜欢的工作，有时候还因为担心别人的看法，基于已经内化的“应该”模式，硬着头皮去做符合别人期望的事。这不是一个有益的游戏，但我们很容易深陷其中。

我们已经习惯于让别人告诉我们应该想要什么、需要什么或者应该做什么。如果一个人太固执，不愿接纳新观念，一直固守早期形成的观念，就很难找到改变的方向。如果这位女士能摆脱早期经历的影响，允许自己活在当下，会发生什么呢?

如果你感到焦虑，很想弄清楚你究竟想要改变什么，先不要给自己太大压力，你可以试试这个练习。当你想到“投入”和“兴奋”这两个词时，你的脑海中会出现什么？当你想到“回报”或者“满足感”时，你的脑海中又会出现什么？把这些词写下来，思考一下，看看你能发现什么。把这个练习当作冥想式的头脑风暴，不要拒绝任何想法（也许有很多你以前想都不敢想的），不要过于匆忙。把你在练习中想到的图像或词语都写下来，看看哪些适合你。还有一个好方法，就是把你的梦记录下来，看看有哪些感受和画面在梦中反复出现。梦可以为我们提供有用的隐喻，帮助我们弄清楚自己需要什么。在做这个练习的过程中，倾听你的感受是非常重要的，这样你就会有动力做出改变，让生活变得更加充实。如果你不关注自己的感受，你就不可能知道你想要什么，那么你又如何去追求并实现呢？

当我们处于人生的十字路口时，可能会因为害怕做出错误的选择而止步不前，觉得如果不做选择，就能避免犯错。但不做选择也是一种选择，而且有可能是错误的选择。谁都不是预言大师，不可能提前知道一个选择是否正确。错误和失败都是成长所必需的，在心理治疗中，我们把错误和失败称为“惨烈的学习机会”。

我人生中有一段时间非常浮躁，放弃了律师助理的工作，跳槽去了艺术学院。我希望在那里遇到有创意的人，能启发我的灵感。结果却发现，我急于摆脱的那些做法律工作的人比学艺术的人更博学、更有思想、更有趣。

我还报了很多夜校课程，电影鉴赏课对我没什么作用，但创意写作课程对我产生了深远的影响。事实证明，这门课程真的有用，因为我最终成了一名作家、记者和主持人。而从事这些工作又促使我出版了自己的作品，包括这本书。我也尝试过其他课程，但它们对我的帮助不是很大。我很庆幸我没有因为很多课程不合适就放弃寻找适合我的课程。人们总是太容易很

要找到生活的方向，
我们需要先弄清楚自己的感受。
通过理解自己的感受，
可以知道自己想要什么，
然后才能去追求并实现。

快就放弃，好在我一直坚持，直到找到真正对我有用的课程。与此同时，我也坚持不懈地找到了我真正想要相伴一生的伴侣。

任何事情如果你尝试了六次，而六次体验——也许是工作面试，也许是网络交友——都很糟糕，你都会想当然地认为“我做不到”或者“这显然不适合我”。如果你能改变这种心态，会对你非常有帮助。我们来看看成功的销售人员是怎样看待失败的——如果每五十通电话中能有一单成交，他们会这样想：失败电话越多，就越接近成交。于是，越到后面他们就会越兴奋，会表现出更多的热情，这就使得成功的可能性更大。

我们永远不知道事情会如何发展。我的建议是尽量多尝试，把生活当成充满新发现的大冒险。如果条件允许，可以暂停一下现在的工作，尝试做些其他的事情，看看你是否喜欢。你也可以积极参加培训，寻找职业转型的机会。我的一个朋友在80岁的时候和别人合伙创办了一家创意产业公司，所以如果你到了某个年龄，但没有达到某个特定的里程碑，那并不算失败，现在重来永远不晚。退出这场“力争上游”的游戏吧，人生还有更多值得追求的事。

我认为一直待在一个让你不开心或感觉厌倦的地方，才是你人生中承担的最大风险。如果你害怕变化，可以问自己几个问题：“我在害怕什么？”“我的恐惧是如何阻碍我前进的？”“尽管我很害怕，可我还是勇敢地去尝试了，接下来会发

尝试新事物时不要过于悲观，

即使失败了，

你也离你想要的东西更近了一步。

生什么？”如果你每两周就换一次工作、换一个伴侣或者搬一次家，那你的问题就要变成“如果我尝试坚持一件事，会得到什么”。拥抱改变的时刻，不要把变化当作可怕的未知，而是将其当成发现和追求心中渴望的机会。最初的感觉就像悬在半空中的时候猛然松开绳子，你不知道地面在哪里，这种感觉的确很恐怖，但通常情况下，你会发现，坚实的地面就在你的脚下五厘米处。

改变
始于觉察

★★★

有时候我的来访者会迟到，他们会对我解释说“地铁出故障了，真的很抱歉”。如果只迟到一次，我觉得不是什么大问题，可是有些来访者总是迟到，也许只迟到五到十分钟，但每次都是如此，匆匆忙忙，上气不接下气地跑到门口。我很好奇他们经常迟到的行为模式背后是什么，这究竟意味着什么，他们为什么要这样做。

有多少习惯迟到的人，就有多少不守时的原因。有位来访者回忆说，他母亲总是花很长时间洗漱，导致他经常上学迟到。母亲跟他说不用在意，放轻松。所以在他的潜意识里，准时赴约就相当于违逆母亲。当他找到这样的叙事[1]时，他就不再有迟到的冲动。还有一些人，他们总喜欢掐着点出发，过于乐观地估计路况和从办公室到餐厅需要的时间（尤其是当餐厅就在附近时）。我和我的图书编辑经常约在她办公室隔壁的咖啡馆吃午餐，我们约的是1点，她每次都是1点整才离开办公室，然后至少迟到7分钟。我想她可能以为自己有瞬间移动的超能力，但她在大厅和同事聊完天上电梯的时候，她已经迟到了7分钟。

有些爱迟到的人选择接受现实，认为自己就是缺乏时间管理能力，也改变不了。我们经常以一种失败主义者的口吻对自己说“我就是这样”或者“我无法改变”，其实我们可以打破这些借口，做出新的尝试。我们的大脑并不是成年后就停止了发育，而是有可塑性的，我们可以通过这样的方法改变它：观察自己平时习惯了的行为，努力抑制常态反应，形成新的反应来替代它，从而养成一种新的习惯。

我们的每一个习惯、每一种行为，都对应着一个神经通路，你可以把它想象成大脑中的高速公路。要形成一种新的习惯或

1. 叙事心理学提出，心理学应该研究人们的生活故事。每个人都是自己人生故事的叙述者和创造者。通过叙事，我们把头脑中无意识的部分连接起来，从眼前的事物特性联系到以前体验过的事物，探索这些事件以及经历对自己的意义，努力确定事件中的关键点，思考到底是什么引发了心理问题，从而找到理解问题和解决问题的线索。——编者注

行为就要重塑神经通路，就像用砍刀在丛林中开辟出一条未知的路。如果大脑可以选择，一定会选择“高速公路”，因为它是最熟悉的路，简单省力，无须思考。如果旧习惯已经根深蒂固，相对应的神经通路也变得更强，你的大脑就可以进入自动驾驶模式，无须思考，根据习惯做就行。养成新的行为习惯可就没那么容易了——大脑要思考去哪里，想要做什么，需要付出很多精力和毅力。回到守时这个问题，只有当爱迟到的人做出守时的决定时，他们才会改变。这必须是一个有意识的决定，目标清晰明确——用新习惯替代原有的旧习惯。如果只是抱着试试看的态度，那就一定不会做到。因为大脑会切换到“自动驾驶”模式，驶上原有的“高速公路”，于是他们就会继续迟到。

当你感到紧张或压力很大的时候，要小心不要重返“高速公路”，因为当我们的注意力被分散时，我们会很容易回到过去熟悉的路径上。许多做家长的应该都遇到过这种情况，他们本来下定决心永远不会采取自己父母的教育方式，但当他们处于压力状态时，就会发现自己又回到了父母的模式。

再举一个改变特定习惯的例子。下面这封信来自一位职场女性，她在工作中经常忍不住抱怨、吐槽同事。

我总是忍不住抱怨、吐槽周围的人。职场中这样做的人很多，也许工作环境太恶劣，吐槽成了大家的常态，很难避免。每天我都暗暗提醒自己，不要说别人的坏话，可是一到公司我就又情不自禁地加入八卦聊天，或者和同事发生冲突后脱口而出一些刻薄的话。我讨厌这样的自己。最可怕的是，有时我对一个人并没有什么负面看法，可我仍然忍不住在背后说他的坏话，我不明白为什么我会这样。

过去几年我做了很多努力（包括去做心理治疗），很惭愧我没有变得更好。我不希望自己成为尖酸刻薄的人，通过贬低别人来获得快感。我真的很尊重和钦佩那些心态积极、胸怀宽广、情绪稳定的人——我怎样才能成为那样的人，彻底摆脱自己有毒的一面呢？

通过阐述和承认自己的问题，这位女士已经迈出了改变的第一步。我们很难做到不参与八卦，尤其是当我们在环境中感到不安全的时候。几个人聚在一起共同说某个不在场的人的坏

话，无形之中就拉近了这几个人的关系。正如社交名媛、才女爱丽丝·罗斯福·朗沃斯[1]所说："如果你没什么好话要说……过来坐在我旁边。"说八卦可以起到黏合剂的作用，增进彼此的信任，让大家感觉彼此更加友好，缓解我们对他人的紧张感或敌意，释放我们可能感受到的压力。然而，八卦也有缺点。如果我们听到关于某人的负面八卦，可能会改变我们对他的看法，这对他来说是不公平的，也是残酷的。如果有一天轮到我们成为流言蜚语的对象，那当然也不是件好事。如果我们找到一种更直接又得体的沟通方式，可能对每个人都更好。

当我们尝试新事物时，犹豫不决是很正常的。我们想到新习惯带来的好处的同时，也会想到摆脱旧习惯带来的恐惧和不适。就像平时你只是赶公交车时才会跑两步，现在却要去跑马拉松。或者你已经习惯了孤独寂寞时独饮几杯，现在却要完全戒酒。为什么改变会这么难呢？因为有一种神经递质叫多巴胺，我们的每一种行为习惯，都与较高浓度的多巴胺有关。坏习惯能带来即时满足，大脑会释放出更多的多巴胺，让你感到舒适快乐，促使你继续这样的行为，从而不断强化坏习惯。这可能就是信中这位女士在试图戒掉八卦习惯的过程中所经历的。

---

1. 爱丽丝·罗斯福·朗沃斯（Alice Roosevelt Longworth）是第26任美国总统西奥多·罗斯福（Theodore Roosevelt）的长女，也是一位作家、社交名流。——编者注

其实，那些能带来积极影响的改变不一定是轰轰烈烈、天翻地覆的巨变，也可能只是细微的调整，比如开始养几盆花，或者每天学习一个新单词。我建议这位女士试着养成说话时以“我”开头的习惯。比如不要说“他很烦人”，而要说“我很生气”，这样能帮助她意识到，别人激怒了她，并不意味着这个人就有问题，从而学会对自己的反应负责，而不是责怪别人。这可能不像跟同事吐槽那么痛快，但会对我们更有用。即使我们在日常生活中或在观念上只做出很小的改变，也会对我们的幸福感产生重大影响。

我还注意到，这位女士很痛恨自己爱讲八卦的习惯。她能明确说出自己的问题，并且在意识到问题之后积极地进行自我纠正，她的改变路线是完全正确的。这让我想起了波希娅·纳尔逊（Portia Nelson）的诗《人生的五个篇章》（*Autobiography in Five Short Chapters*）。这首诗讲的是一个人走上街，人行道上有个深洞，她掉了进去，这不是她的错。第二次她走到同一条街，假装没看到那个洞，还是掉了进去，她不相信自己居然掉在同样的地方，这仍然不是她的错。她第三次走到那条街，看到洞在那，但仍然掉了进去，因为她习惯了，这是她的错。第四次，她看到了这个洞，绕开它走。第五次，她选择走另一条街。这首诗有个隐喻：当我们在尝试一种新习惯时，需要放松自己，因为改变需要时间。当你没有抵制住诱惑，又重拾坏习惯的时候，与其痛斥自己，不如庆幸自己觉悟到了:“哈！原来这就是我不想再做的事情！”不要急于评判，要对自己保持好奇，时刻关注自己的进步。当你战胜诱惑时，为自己点赞吧。

如果你准备改变旧习惯或尝试新事物，我的建议是：找一张大点的纸，在中间画一个圆圈。在圆圈内列出让你感觉舒适放松的事，比如我会写“外出散步”之类的。在这个圆圈的外沿，列出一些你可以做但必须强迫自己去做的事，例如，爬到一座小山的山顶。再画一个更大的圆圈把这些事圈起来，然后在圆圈外沿列出你想做但又感到有些畏惧的事，可能是七天的徒步、拜访一位德高望重的前辈或者辞掉现在的工作。再画一个更大的圆圈把它们圈起来，然后在圆圈外沿继续列出那些你因为太害怕而不敢尝试，但却怀有梦想和野心的事情，比如参加高管竞聘。照此类推，你可以根据自己的想法创建更多的圆圈。

随着时间的推移，这些圆圈之外的事情会逐渐变得司空见惯，我们的舒适区也在慢慢扩大。可能你列在圆圈之外的事情对别人来说稀松平常，你只要记住，无论你做什么，都是为了自己，别人怎么想并不重要。你可以一步一步地挑战尝试新事物，如果这个新事物不再让你感到刺激和兴奋，你觉得没什么大不了的，就说明你已经适应它了。根据我的经验，如果我们不能经常像这样测试一下自己的极限，我们的舒适区就会越来越小。

改变需要反复练习，一开始你可能感觉不对，因为你对新事物不熟悉，而我们总是错把熟悉的事物当真理。即使旧习惯是有害的，我们也认为感觉熟悉和舒适的东西就是好的。所以，坚持住，一直走下去，披荆斩棘，开辟新的道路。你在新的道路上走得越久，就会感觉越顺，最终进入高速公路上的自动驾驶模式。

允许自己悲伤

★★★

有时我们会主动做出改变，因为这是我们期待发生的变化，但有些变化我们不一定想要，只能被迫接受，那我们该如何应对呢？重要的是承认变化带来的丧失，尤其是在我们还没有准备好迎接变化的时候。当一段关系发生变化时，比如从恋人变为陌生人，从朋友变为路人，从照顾者变为被照顾者，我们一定会因为丧失了某些东西——包括过去的生活方式、曾经的情感以及你在这段关系中拥有的一切——而悲伤。

即使变化在你的预料之中并且你也接受了它，它仍然会给你的内心留下一个空洞，需要你在精神上不断填补。比较常见的例子就是父母第一次经历孩子独立并与他们分离的过程。当孩子渐渐长大，出现青春期叛逆，开始排斥父母、不愿与父母沟通、拒绝父母的建议和关爱时，父母会感到很受伤。如果父母能把这种变化看作孩子的自我成长与发展，也许就不会那么伤心了。

这就是为什么分手的感觉有如丧亲之痛，因为你正在体会难以挽回的失去。你会想念对方，也会想念和对方在一起时的自己。你很焦虑，不知该如何面对接下来的日子，同时你又对自己不得不面对这些感到懊恼：如果你们没有分手，你就不必去适应新的生活。你可能会感到惶恐不安，因为你正在离开熟悉的环境，步入未知的世界。你可能会产生哲学层面的烦恼：变成单身后的你是谁？分手如何改变了你对自己的认知？之所以想到这些问题，是因为我收到了一位年龄在35岁左右的女士的来信，结婚十年后，她发现丈夫出轨了。

我和我丈夫已经结婚十年了，我以为我们会白头偕老。前不久我发现自己怀孕了，就在我沉浸在即将做妈妈的喜悦中的时候，我无意中在我丈夫手机上看到一条没来得及删除的聊天记录，原来他和我闺密有婚外情，我顿时感到五雷轰顶，浑身止不住的颤抖。我去质问我丈夫，没想到他不仅不安抚我，还和我大吵一架，当晚就收拾行李离开了家。

这几周我都是独自去医院产检，我很伤心，我想留下我们的孩子，可我丈夫说他根本不想要这个孩子。

我现在才意识到，我丈夫在两年前就计划着离开我了。现在他对我采取冷暴力，拒绝和我沟通，一句话都不跟我说，哪怕连个负面的回应都没有。

我该如何面对和接受这一切，又该如何继续好好生活呢？我无法摆脱挫败感，也不能保持理性，我感到非常难过。我也不确定自己是否要做单身母亲。我能独自照顾好孩子吗？这对我来说是一种惩罚，我现在感觉极度痛苦。

当一个人离开我们的时候，我们会觉得自己的一部分（还有和他共同计划的未来）也随之而去，这种空缺的感觉就像未经处理、裸露在外的伤口。写信的这个女人伤心欲绝，因为她不仅失去了伴侣，也失去了和他一起养育孩子的梦想。无论我们的梦想是一个孩子，还是一座新房子、一段新恋情，当梦想没有实现的时候，我们都要经历一个哀悼的过程。如果我们对未来有美好的设想，并且几乎尽在掌握，这一切却突然之间都被夺走，这种感觉可能就像失去一个对我们很重要的人。真正的悲伤不是在亲人

限定一个时间段，

让自己完全沉陷于情绪，

这听起来有点疯狂，

但这样做能让我们学习控制自己的想法，

而不是被想法控制。

刚刚去世的那一刻，而是在我们逐渐将他从生活中剥离的时候，在日子平静下来的某个瞬间，突然想到与他有关的点点滴滴。恢复的过程不会加速，但随着时间的推移，伤口会愈合，你会逐渐习惯没有这个人的日子，开启全新的生活。

我收到过很多来信，询问如何走出分手的伤痛，如何应对生活中任何意想不到的、不希望发生的变化。我的建议是打开情绪的闸门，把感受完全释放出来，否则压力会慢慢积聚，变成一种执念，影响你生活的方方面面。如果你感觉自己陷入某种情绪无法自拔，你可以通过限定发泄的时间和地点来摆脱它，比如限定自己每天在同一时间哭泣、愤怒和哀叹半个小时。在这个时间段，即使你并不想，你也要尽情悲伤，追忆过去的生活。你可以点上一支蜡烛，对着它哭泣，或者写一封永不寄出的情书。无论你做什么，只能在限定的时间做，而且每天最多半小时。一定要严格要求自己，必要的话可以设置闹钟。通过这种方式，当你产生感受并且能克服它们时，你就获得了对它们的控制权。这需要决心和意志力，就像其他任何技能一样，你会随着不断练习而逐步改善。在你释放悲伤的这半个小时，不一定要独自一人，可以让一个朋友或家人在你哭泣的时候抱抱你。但别忘了设置计时器。

还有一位女士给我写信，她想做手术切除乳房，以降低患乳腺癌的风险，我也想给她同样的建议。

我今年26岁，五年前我的BRCA[1]基因突变检测呈阳性，这意味着我患乳腺癌的概率非常高，因为（此处略去专业解释）我的身体没有识别某些癌细胞并与它们做斗争的能力。

在我拿到报告的时候，我就决定做一个乳房切除手术，以降低患癌风险。尽管医生告诉我，无论我是否做手术，我的预期寿命都是一样的——如果我不做手术，我很有可能患上癌症，但如果我定期筛查，他们就能及时发现癌症，尽早为我治疗——可我仍然觉得手术对我来说是正确的选择。我不想每年都提心吊胆地去做检查，我宁愿现在就做手术根除隐患，然后平静踏实地生活。

我母亲患有乳腺癌，在治疗多年后去世了。我收到BRCA检测结果时，她就在我身边（她的检测结果也是阳性）。当时她感到非常内疚和难过，但对我来说还好。过去得这个病可能相当于被判了死刑，现在医学进步，可以提前防范，而且治疗方法更多。我把这次手术看作成年后

1. BRCA，指“乳腺癌相关基因”，即家族性乳腺肿瘤相关的两个基因（BRCA-1和BRCA-2）。——编者注

必须做的一件事，只要我做好安排，应该没什么问题。

现在离手术日期越来越近了，很多时候我都感到恐慌和不知所措。我发现很难把注意力集中在其他事情上，但我又不想反复念叨这件事，让我的朋友和家人心烦。我知道手术是我想要做的，我也知道现在是做手术的最佳时机，但我为什么又会如此痛苦不安呢？

当我们失去父母、伴侣、宠物或朋友时，悲伤是最正常的反应，此外我们还会否认、愤怒、困惑甚至变得麻木。我们要允许自己悲伤，否则我们无法恢复平衡。摆脱丧失感的唯一途径就是充分地体验它。

可是，当我们丧失的并不是与我们有着密切连接的另一个灵魂时，别人通常很难理解我们为何会因此而悲伤。这位年轻女子在失去母亲之后又要经历另一种丧失：失去她的乳房——这是她女性气质的一部分，也是她完整的、没有疤痕的身体的一部分。

她很庆幸自己可以通过手术大大降低患癌症的风险，而在庆幸的同时，当然也会悲伤和恐慌。试想一下，如果你身体的某个部位要接受许多医疗检查，而你的母亲正是因为这个部位

有些改变值得庆幸，

但与此同时，

你也可以为永远失去的东西哀悼。

允许自己悲伤，

是改变的必经过程。

患病去世，你怎么可能不感到恐慌呢？如果现在要手术切除你的一个健康器官，你怎么可能不感到焦虑呢？

有些感受很复杂，不知该如何对别人说起，但如果我们因为自己有这些感受而自责，我们就更无法处理感受。我们可能会把自己封闭在一个沉默、痛苦的世界，让自己越来越孤立，而不是在经历悲伤的过程中寻求爱的支持。如果我们不主动去处理这种丧失感，它就会占据我们的整个世界，给生活蒙上阴影。我们可能会觉得，如果承认并说出这种绝望又撕裂的感觉，就会让感受变得更加强烈和难以控制，但事实恰恰相反。谈论丧失感是处理感受的开始，也是治愈的第一步。

生活中发生的一些事情会让我们觉得自己和别人不一样，有一种被孤立的感觉，如果能和别人分享这些事，就能产生一种连接感和亲近感。我想这可能是因为，当我们向别人表达那些平常不轻易流露的感受，并真诚地描述感受时，会发生两件事：第一，通过表达感受，我们更加了解它，也更加了解自己；第二，当我们用语言向别人表达这种感受时，也可以帮助他们理解自己的一些感受。当我们分享自己真实的想法、感受，展示自己真实的样子时，别人就能理解我们，连接由此发生。这样的连接是有治愈作用的。要允许自己脆弱、难过、悲伤、有丧失感，要给自己点时间从打击中恢复过来，适应一个全新的身体。

———

我们没有机会
练习变老

★★★

孩子和成年人这种分类，其实是我们自己造出来的概念。我们不可能恰好在21岁或者任何“适当”的时候就一夜之间变为成年人。这种转变不会突然发生，但随着时间的推移，我们确实会发生变化。生活会影响我们、改变我们，让我们逐步进化得比过去更好。然而，被改变的只是“内容”，而不是“模式”。让我来解释一下。“内容”指的是做什么（具体行动），“模式”指的是如何做（行为模式）。举个例子，如果你是一个爱担心的人，你所担心的事会改变，但你爱担心的这个习惯不会改变。小孩子会担心树上的叶子干枯或掉落，他们长大后可能就不再关心树叶，但他们会对另外的事产生同样的担心，比如担心发送出去的消息得不到回复。要记住，成为老年人，并不意味着我们变成了完全不同的人。对我来说最主要的变化是，更容易感到疲惫不堪。

变老是我们所有人都必须面对的事情，但这个过程可能让人难以接受和驾驭。从生理上讲，我们的身体会发生变化，带来很多不适。衰老可能意味着失去行动能力，需要更多的休息，从前轻轻松松就能做的事，现在变得困难重重。无论你多么理性地看待这些变化，仔细想想，它们都是某种意义上的丧失。你可以为再也回不去的从前而感伤，可以承认变化对你的影响。对每个人来说，留恋生命中更年轻、更有活力的时光都是很正常的。

有位女士写信给我，她说难以接受自己日渐衰老的身体，询问如何重建对身体的信心。

每天看到自己那衰老、松弛、下垂的身体，我就感到厌恶和羞愧，所以我会刻意回避需要露出手臂、腿或肚子的活动。尽管我喜欢游泳，可我害怕穿泳衣。我和我丈夫做爱时也不能放松，我很抗拒赤身裸体，这甚至影响了我们的体位，我不敢在他上面，因为我不能忍受自己松弛的腹部和乳房。

我经常散步，每周都练瑜伽、普拉提，我喜欢通过这些训练不断挑战自己的身体极限。我快60岁了，一直保持很好的饮食习惯（大量吃鱼、豆类、水果和各种蔬菜）。我总觉得自己超重，一生中大部分时间都在减肥。不知是不是和我小时候的经历有关。我青春期时胸部发育得过于丰满，吸引了很多不怀好意的男性的目光，记得那时我总是穿宽大的衣服遮掩身材，从来不敢大方地展示出来。

我知道有许多东西比外表更重要，我也知道自己不应该有身体羞耻。我不会用厌恶的眼光看待我的朋友，在我看来，尽管她们没有完美的身材，但她们仍然很美。可我为什么要这样看待自己呢？

随着年龄的增长，我们的皮肤会松弛、下垂，我们习惯认为这样的皮肤是不美的。那些极力向我们推销紧肤露、抗衰老面霜的人告诉我们，女人应该是什么样子。他们的目的是让我们充满恐惧，担心自己会因为看起来不像20岁而变得不讨人喜欢，产生自我厌恶，于是购买更多的保养品，试图留住青春。就销售策略而言，他们成功了。但是这些东西其实都是无效的，我们的皮肤状态和脂肪分布仍然会与年龄同步。

曾经光滑的皮肤现在像一张揉皱的纸，这是事实。社会不断向我们灌输什么样的状态很好、什么样的状态很糟，这也是事实。但我们可以选择如何看待这些事实。真正有魅力的老年女性不是最苗条的，也不是看起来最年轻的，而是满怀自信和骄傲活着的女人。她们从不遮掩，哪怕走路颤颤巍巍也依然昂首大笑。自信才是最吸引人的品质，我们必须努力培养自信。让你感觉自己美丽的关键不是苗条紧实的身材，而是自信。

男人也会害怕变老，但是对于女性来说变老带来的压力更大。男性凝视（male gaze）已经成为一种社会文化现象，时尚杂志总在告诉我们女性要如何打扮才能吸引男性，所以女性逐渐习惯以男性的审美标准要求自己。

写信给我的女士怀疑自己现在的心态与小时候曾经受到不怀好意的男性关注有关，我也觉得二者有很强的关联性。这种关注让她感觉很糟糕，而她认为是她的身体让她感觉很糟糕，因为当她注意到周围不怀好意的目光时，她会有被侵犯的感觉，会害怕和抗拒。她会下意识地想："如果我没有这样的身体，我就不会感到厌恶和害怕。"不怀好意的关注会让我们更加在意自己的外表，所以当我们的身体随着年龄增长而变化时，我们会感到失落。我知道有些男人也会对自己的身材缺乏自信，但一般情况下，男人更擅长自嘲，拍拍自己的肚腩，一笑置之。而女性对身体变化的焦虑程度与男性有很大的不同。

正如我之前说过的，人们很容易把熟悉的事物当作真理。

谁有资格判定什么是美，什么是不美呢？如果你和写信的女士有同样的困扰，我希望你能骄傲地抬起头来。你拥有美妙而性感的身体，要学会为它感到自豪。也许你现在还是不自信，但你可以表现出自信，并渐渐习惯这种感觉。

下面这封信来自一位退休女性，她从另一个角度描述了衰老的体验。

> 作为一个退休在家的独居女性，我经常感到孤立无援。科技的发展进步让我们的生活更加便捷，但也让我觉得自己被时代抛弃了。比如，我不知道如何用手机挂号；我去一家餐馆吃饭，不知道怎么扫码点餐，最后不得不放弃在那里用餐。现在购买的新电器甚至都不再提供使用说明书，似乎做什么事都要依靠手机。这种情况恐怕会越来越糟。

坦白讲，我也觉得我们必须越来越依赖科技是件令人头疼的事。如果记不住密码，我就无法缴纳市政税，我甚至不知道

如何使用中央供暖系统。互联网刚出现的时候，我适应得还算不错，但技术在不断发展变化，“升级”二字经常让我不寒而栗。你刚刚掌握一个视频会议应用程序的使用方法，他们就会对它进行升级；或者你的公司频繁更新系统，你必须不断学习适应。年轻人总是上手很快，似乎天生就知道该怎么做，他们是伴随着科技长大的，但我们不是。先把抱怨放在一边，其实学习新东西对老年人的大脑是有益的。我们学习的潜力超乎想象。可以多向技术人员寻求帮助，我就经常求助，在专业指导下多次练习，最终也能熟练使用。

变老的好处在于，我们可以如实说出自己的感受和想法，而且通常不会受到指责。不要太在意别人对我们的看法。（注意，我说的是不要“太在意”。如果我们完全不在意别人，那就是心理变态。）我的奶奶100岁的时候，我问她，在她这个年纪有什么好处，她说：“现在，我终于可以说出我真正想说的话，而且不会有人指责我。”为你鼓掌，奶奶！

还有个问题。大多数人到了一定年龄后会觉得自己不再属于一个群体，而是被边缘化了。所以，如果年龄增长让你觉得自己被抛弃了，感到很孤独，我想让你知道，你并不孤单，所有人都有不被看见、不为人知的部分。即使这部分的你是孤独的，你也仍然属于这个世界。

房间里的空椅子

★★★

所爱之人离世是我们生命中的重大打击。我收到过很多倾诉悲伤的信，写得感人而且深刻，其中一封来自一位失去孩子的母亲。

> 我是三个孩子的母亲，其中一个孩子在婴儿时期夭折了，另外两个孩子现在分别是34岁和29岁。自从失去了那个孩子，我在潜意识里一直想努力让另外两个孩子好好活下去，所以我对他们格外呵护。只要他们需要我，我就会放下一切陪在他们身边。
>
> 我丈夫很慷慨大方，也愿意支持孩子，但他无法理解

我和孩子之间的关系，也无法理解他们为什么总是向我求助（这两个孩子是我和前夫生的，我和现在的丈夫没有孩子），孩子遇到问题给我打电话，他总是说像这种情况他绝对不会给他父母打电话的。很明显，问题出在我身上。我整天忧心忡忡，经常失眠或者半夜惊醒。作为母亲，我有着深深的挫败感，总觉得对不起孩子。在我生孩子之前，我曾经服用过抗抑郁药，因为我的童年很不幸，从小就失去了父母，多年来一直处于抑郁状态。后来我担心药物有副作用会影响胎儿，就不再服药。现在，我感觉自己已经濒临崩溃，我该如何改变和应对呢？

我很同情这位从小就失去父母的女士，她的内心始终有个脆弱的地方，自从她父母去世后，她就再也没有了安全感，一直处于担心的状态，担心生命中重要的人会发生不好的事情。这种反应是很正常的。尽管后来她有所好转，但一个孩子的夭折又重新揭开她失去父母的旧创伤。所以，我完全能理解她的恐惧。

这些刻进骨子里的旧创伤无法用言语表达出来，更多表现为若隐若现的焦虑或者不明原因的持续担心，我们无法仅仅靠理性来摆脱它们。但这并不一定意味着崩溃，这只是表明我们对生命的脆弱变得更加敏感。当我们失去生命中最重要的人时，我们不可能想当然地认为身边的人不会再离开我们。我们会凡事往更坏的方面想，而不是变得积极乐观、随遇而安。所以，当一切都很顺利的时候，我们不是去享受这种美好，而是害怕它会消失。我想建议这位写信的女士以及和她有同样痛苦的人，试着活在当下，而不是过去或未来。我们可以做到这一点，尤其是在睡觉的时候——专注于呼吸的声音和感觉，这样就能减少担心和焦虑的想法。

有时我们能从悲伤中恢复，但悲伤仍然没有减弱。有时，它甚至像波浪一样袭来，感觉像刚开始经历时那样刺痛。有心理学家提出，我们会经历悲伤的几个阶段，到最后一个阶段就能走出来，然而，在我经历过的生离死别中，很少有人与那些理论描述的相符。丧亲之痛有自己的发展历程，每个人也都会以各自的方式体验它。下面这封信来自一位女士，她的母亲去世了，几十年过去，她仍然走不出来，还一直沉浸在悲伤的情绪中。这个事实提醒我们，我们并不会按照既定的路线走完悲伤的旅程。

我今年50岁，与丈夫和两个孩子一起过着平静的生活，我已经很知足，没有更多的奢求。我母亲在我25岁

的时候去世——那年她61岁，死于心脏病发作。当时我们都不知道她有严重的心脏病。

我父亲81岁时死于肠癌。父亲病重期间我也很难过，但我觉得我能够接受他生病的事实，也有心理准备面对他最后的离开。可不知为何（这也是我寻求心理治疗的原因），我直到今天都无法接受我母亲的去世。即使是现在，在我写这封信的时候，我还是泪流满面。25年过去了，怎么可能还是这样呢？我应该早就放下了呀。

我曾经接受过短期的心理治疗，咨询师建议我试着沉浸在母亲的世界，比如听她最喜欢的歌，看她喜欢的书。但这样做并没有任何帮助，我还是走不出来。

这个女人很年轻的时候就失去了母亲，那是她人生中的关键阶段，是她和母亲感情最深厚的时候，所以这对她来说是巨大的打击。有些人确实能够在重要的人去世后迅速填补内心的空洞，但我相信那只是表面现象，我们并不真正了解他们的内心。要做到这一点是很难的，对于父母过早去世的人来说尤其如此。

弗里茨·珀尔斯（Fritz Perls）与妻子劳拉·珀尔斯

（Laura Perls）共同创立了一个心理流派，叫作“格式塔疗法”（Gestalt therapy）。有一种常用的格式塔干预技术是使用“空椅子”：在房间中放两把椅子，一把留给你自己，另一把空着，留给你未完成事件中的人。你想象着那个人正坐在那把空椅子上，你大声地和他交谈，告诉他你想对他说的一切。然后，你再坐在他的椅子上，想象你现在变成了他，用你想象他会对你说的话来回应你刚才坐的那把椅子上的人，也就是你自己。这样做好像有点傻气，但如果你正在经历悲伤，这个练习可以帮你释放你的眼泪，宣泄你的悲伤。

许多人都像这位女士一样，希望自己的悲伤能得到很好的“处理”。如果你和她有同样的想法，我希望你把“处理”换成“感受”。情感是不能被处理的，这不是情感的运作方式。你不能因为孩子发脾气而责备他，你同样不能因为悲伤而自责。我们内心深处的某些情感不会随着时间的推移而消失，它们只是一直处于休眠状态，直到被什么东西触发，重新点燃，比如有些老人会在弥留之际呼唤他们的母亲，对此你一定能有深切的共情。我们不必急于摆脱悲伤，因为这是最真实自然的感受。我们也不要抗拒悲伤，但可以试着在流泪的时候不去自责，要允许自己伤心和哭泣。流泪是爱一个人的体现，爱的代价就是悲伤。这样想可能你会更容易接受。

本杰明·富兰克林说过，人生中只有两件事是确定的：死

悲伤不是一件需要“处理”的事情，

而是需要“感受”的情绪。

试着接纳这些情绪，

与痛苦和悲伤和平相处。

亡和纳税。我们无法让所爱的人死而复生，我们能做的就是改变与悲伤的关系。当我们抗拒悲伤时，它会更加猛烈地卷土重来。当我们接纳它，与它友好相处，不再害怕它时，它虽然不会消失，但会变得更容易承受。

在我的《如何保持理智》一书中，我将“理智”定义为“介于过度严格和过度随意之间的状态”。这是一种灵活的状态——能够接受变化，甚至拥抱变化，主动寻求改变。做人要有归属感，要找到自己在社会中的角色和位置。我们主动寻求的最重要的改变就是增加归属感——成为某个家庭的一分子，选择在一家公司工作，或者加入一个社群。归属感是获得满足感的重要基础，我将在下一章讨论这个问题。

4.

满足感：回归内在本质，找回安心、平静的自己

获得更大满足感的秘诀
不是拥有更多，
而是减少渴望。

我发现，有一件事会阻碍我们获得满足感，那就是社会对幸福的过度渲染。幸福就是愉悦的感受，是一种达到峰值的状态。当你收到你喜欢的人发来的消息时，当你提前完成工作、拥有一段闲暇时光在阳光下散步时，你都能产生幸福感，那种感觉就像得到意外惊喜。然而，幸福是短暂的，我们不可能永远幸福。

最后一章我想把重点放在对“满足感”的理解上。满足感就是对你的生活感到满足，它是一种可以长期追求的稳定状态。我们如果能接纳所有的情绪（无论是消沉的还是愉快的），就能利用它们把生活引到正确的方向上。本章旨在帮助你理解和管理所有这些不同的情绪，帮助你发展幸福的能力，建立起满足感。

做自己的观察者

★★★

每个年龄段的人都有各自不同的压力：通过考试，找到想要的工作，坚持做讨厌的工作，应对冲突，想要找到伴侣，想要孩子，因为照顾婴儿而疲惫不堪，经济窘迫，买不起房子，孤独，离婚，找不到意义和存在感，想要取得更大的成就、赚更多的钱，想晚点生孩子，想要拥有更强壮的身体、更好的性生活、更光滑的皮肤，学习放慢脚步，为生命的最后几年做好安排，适应日趋衰弱的身体。做那些让你感到紧张的事情会带来压力，做你以前没有做过而且很可能不成功的事情更会带来压力。还有更糟糕的，就是你完成了你想做的事情，但并没有感受到预想中的解脱和轻松。在任何年龄，我们都可能面临这样的挑战：不得不调整自己的心理预期，向外部现实妥协。

让我们产生压力和焦虑的原因有很多。压力可能是暂时的，也可能是长期的，但并不是所有的压力都是不好的。让自己感受一些压力也是保持大脑健康的一种方式，完全没有压力则意味着你的心理素质没有得到磨炼。良好的压力不会让我们陷入恐慌，而是会产生积极的刺激，促使我们学习新事物，发挥创造力。学习新事物又会使我们形成新的神经连接，而这种神经连接越多越好。如果你大脑的某个部分受损，拥有更多的神经连接意味着你大脑的其他部分可以更快地连接起来，弥补受损的部分。

不过，任何事都是过犹不及。持续的高压会导致惊恐和解离反应。解离是指失去自我意识、感知能力和控制能力的一种状态，惊恐和解离反应会导致身心耗竭。那么，我们如何做才能避免这种情况发生呢？

我收到了一个年轻人的来信，他一直在对抗压力和焦虑，甚至已经无法正常生活。

我今年32岁，在我童年的时候以及成年后都遭受过一些创伤，心理健康受到很大影响。现在的我处于重度焦虑状态，每天早晨我都被恐惧感包围，我不想穿衣洗漱，也没有动力起床去上班。

问题还远不止于此。一想到要离开卧室这个安全空间，我就觉得浑身不舒服。我会一遍又一遍地看同样的电视节目，借此逃避现实。我唯一真正感到安全的时刻是夜深人静的时候，大家都睡着了，我可以独自一人待着，世界如此安静，只有我自己。

我害怕失败，害怕别人对我有所期待。我害怕我最终无法满足别人的期待。我的工作压力很大，让我很没有安全感，我已经尽了最大努力，现在我对工作也失去了动力。我该怎么办呢？

从来信可以看出，独处是这个男人重获平衡的一种方式。他一遍遍地重复收看同一个电视节目，是因为他已经熟知剧情，很清楚接下来会发生什么，可以准确地预测结果，这就意味着他能够控制未来。他在生活中遭受过创伤，这样做可以帮他减轻痛苦。我们稍后将更深入地探讨创伤。创伤会对一个人造成冲击。这个男人似乎一直保持着身体的警觉状态，肌肉紧张，随时做好准备，这样下次无论有任何“事情”发生，他都不会受到冲击。我们都有可能像他一样掉入这样的陷阱：我们的身体反应无关当下，而是与过去发生的事相关，因此我们一直处于警觉的状态，这对于解决当下的问题没有任何帮助。

为了应对压力，我们发展出一些应对机制。有些人会向别人倾诉，有些人会通过冥想、心理治疗或运动解压。其他的应对策略可能没那么有效，比如酗酒、过度工作，以牺牲感受为代价换来表面的平静。熬夜、沉迷于工作、忽视身体需求、暂停社交生活都可以作为应急措施，但这种模式不能成为常态。不健康的应对方式无法持续，一旦身体支撑不住，就会引发危机。有位女士写信给我，说她的进食障碍[1]本来已经好转了，但由于疫情和丈夫的去世，今年又复发了。厌食是一种常见的应对机制，难怪她在承受压力的时候又重蹈覆辙。她并不是特例，许多人在疫情期间又恢复了自我毁灭的行为，但不必为此羞愧，因为这段时间我们会面临许多难以承受的巨大压力，有太多事情需要应对。我们的力量并不只体现在我们有多强的韧性，更在于能够认识到并承认我们的脆弱。处于困境中的人最不需要的就是羞愧，而是需要帮助和共情，可以先从自我关怀开始。

如果你需要停止胡思乱想，建议你注意自己的呼吸。现在就试一下：停止阅读，保持10秒钟左右，注意你是如何呼吸的。现在，花20秒时间，比这更长或更短都没关系，注意你的

1 进食障碍指进食行为异常，包括进食过程、频率、方式、场所或数量等出现异常。——编者注

吸气和呼气。这是你与当下的自己保持连接的方式。当你注意到你是如何呼吸的，你会放慢呼吸吗？早上起床前，躺在床上，花一两分钟的时间注意自己的呼吸。你也许会走神，但可以随时把注意力拉回到呼吸上。你现在感觉如何？我刚才暂停打字，做了这个练习，我感觉稍微平静了一点——每一点平静都对我们有帮助。每天花5分钟专注于你的呼吸，会对你产生积极的影响。

同样，如果你感到焦虑，有个有用的练习是观察你的身体，注意哪些肌肉是紧绷的，哪些是松弛的。我喜欢用流浪狗的例子。想象一下，你领养了一只流浪狗。你伸出手想抚摸它，它会向后退，因为它害怕你打它。这种反应是基于狗狗过去的经验，但已经成为它的身体应对当下状况的本能方式。我们也是如此。如果我们过去出于某种原因过度警惕，那么我们的身体现在仍会保持紧张，这反过来又会影响我们的感受。身体能反映隐藏的情绪。你可以注意一下，当你思考或感受某些事情时，你的身体的各个部位有什么反应。然后，试着把紧绷的部位收得更紧，让放松的部位更加放松，每次只针对一个部位，并注意你在这样做时的感受。你是感到更焦虑了还是没那么焦虑了？你是平静下来了还是感觉压力更大了？紧张比放松更容易，当我们能意识到我们是如何让自己紧张的，就可以开始学习打破这种运作模式。这个练习也会帮助你摆脱胡思乱想，专注于自己的感官。

还有一种阻止焦虑的想法在你脑海中盘旋的方法，就是把你恐惧的事写在纸上，给它们编号，列成清单。你列出来的事情要尽可能具体，然后在所有的“假设情况”后面加上一句“那又怎样”。注意这种文字上的改变会给你带来什么感受。每个人都需要做自己内心的观察者。当你感到有压力、焦虑或超级忙碌时，你的当务之急可能不是关注自己的感受，但你确实很需要这样做。这些感受在提醒你什么时候需要休息，什么时候需要放松，什么时候需要与他人交流。当我们忽视感受时，它们会表现得更加强烈，也就是说，会让我们感觉更糟。忽视感受，就会有情绪突变的风险。我们既不能忽视感受，也不能被感受支配，和对待大多数事情一样，我们需要采取折中的做法，这意味着我们在做决定时既要听从大脑也要听从内心。

当我们观察自己的情绪时，要学会利用情绪，而不是被情绪利用。这意味着当你刚开始产生某种感受时，你就要多加注意，听听它想告诉你什么，然后再采取行动。当我们注意观察一种感受时，就能把自己和感受区分开。说“我害怕”和“我感到害怕”是有区别的。“我害怕”是对整个人的定义，而“我感到害怕”表示这个人观察到了自己的一部分。我们可以多注意自己的感受，而不仅仅是对这些感受做出反应。

那么我们该如何扮演好观察者的角色呢？我建议把情绪、

观察你的感受，

但要和感受保持距离。

这意味着你需要从中立的角度去观察，

而不是被感受压垮。

感受和观察过程都记录下来。你可以和你的消极情绪拉开一段距离，甚至可以通过给情绪一个身份来进一步与之分离，比如称它为“焦虑先生 / 女士”或其他任何合适的名字。这只是一个小小的调整，但你会发现结果有很大的不同。我把这个建议告诉写信给我的年轻人后，他回复我说，他试着给他的焦虑贴上标签，并给它起了个名字，效果比他预想的还要好。还有一种方法是分享自己的感受。即使是给陌生人写一封电子邮件，也能减轻你的心理负担，因为你把所有的感受都写了下来，这让你有机会观察自己，而不是完全被焦虑吞噬。

许多人写信向我倾诉工作中的压力和挫败。职业倦怠已经成为普遍现象，作为个体，我们能做的就是自我关怀。当今的社会文化起到了推波助澜的作用：只允许展示力量而不允许展示脆弱；公司把利润看得比创造利润的人重要，总是想以最小的代价从员工那里得到最多的东西。心理咨询和正念练习并不能消除这些不道德行为的影响。忽视员工和忽视我们的感受一样危险。我们需要一个和谐的工作环境，大家相互倾听、理解、合作，而不是相互挤压。

战胜
你内心的批评者

★★★

我们的内心都住着一个批评者，有些批评者的声音会更大。在成长过程中，我们不断被周围的人的信念系统影响，如果他们认为我们毫无价值，或者只有像他们一样才能称得上优秀，渐渐地我们就会习惯这样的思维模式。如果得不到充分认可，我们就会认为自己在某些方面确实做得不够好，总是渴望向那些从不相信我们的人证明，我们可以取得成功。然而，即使有一天达到了我们想要证明的目标，我们也仍会觉得不足。许多人会不断进行自我批判，因为他们内心住着一个永远不满意的批评者。

下面这封信就是很典型的例子，写信人的内心住着一个声音很大的批评者。

我是一个快40岁的女人，最近我发现我不知道什么能让我快乐。

我已经结婚生子，也有一份不错的工作。我们家的经济状况很好，所以我应该没什么可抱怨的。我一直以来的梦想是成为一名作家。我在一家知名出版社出版过三本书，但销量都很差。所以，尽管别人说我应该很自豪，可我觉得自己是个失败者。我一直告诫自己不要放弃，但越来越难以找到继续努力的理由。我只是出于习惯仍然坚持着我过去的梦想，因为写作是我灰暗人生中唯一还闪烁着希望的火花。

我怎样才能学会享受我所拥有的，而不再感到挫败呢？

这位女士想当作家，现在也成了作家，但她内心一直有个声音告诉她：你是个失败的写作者。这个声音通常对我们没有太大帮助。如果你和她有相似的困扰，同样有一个声音告诉你，你不够好，或者不够聪明，或者你没有足够的能力追求你想要的，我希望你能问问自己：这个声音来自哪里？这个声音让你想起了谁？拒绝尝试新事物，经常给你泼冷水的父母？过于苛刻的老师？告诉你“外在的成功就是一切，只做你喜欢的事完全没意义”的那个人？无论是谁，他们可能试图帮助你，却起到了相反的作用。你不用逼迫自己表现得越来越出色，以证明他们是错的。

我们要做的是认清这个内心的批评者，仔细审视它，而不是假设它是对的。你只是熟悉了这个声音，并不代表它是对的，这是有区别的。我们无法让它安静下来，它还会继续发出声音，但我们可以随时留意它的出现，设置一个“隔音室”，把它屏蔽掉。也许它会时不时地找到钥匙逃出来，我们可以对它说：“你好，你又来了？但我今天不需要你，谢谢。”之后不要再和它对话或交流。每当你开始用消极的语言描述自己的时候，你都可以用这样的方式与自我批判的想法保持距离。这些想法不是事实，只是一种习惯了的思维模式，它们只会打击你的信心。

想要学习任何东西，都要经历犯错的过程。但我们犯的错误通常是可以纠正的具体事情，而批评者只会给出武断、笼统的批评，不会指出具体问题，比如它不会说“你在釉料里放了太多的氧化铜，所以它变成了黑色而不是绿色”，而是说“你真没用，你根本不擅长制陶”。如果你觉察到这种声音，就需要和它保持距离。

与其听从你内心的批评者，不如把精力投入到能给你带来快乐的事情中，按照你的心愿、希望和梦想去做你想做的事。有时候，我们会错误地认为自己只能做擅长的事，还好我加入的社区唱诗班没有这样的评判标准——我在唱歌方面并没有天赋，但我喜欢和大家共同努力，也在这里交到了好朋友。我们不应该把重点放在评判自己表现得好还是差，如果你要求自己做任何事都必须非常出色，否则就是一事无成，那说明你没有理性地看待自己。重要的是去做你一直想做的事——认识到这一点，你就会得到解脱。

我们内心的批评者还有一种表现方式就是制造内疚。内疚有两种类型：有用的内疚和神经质的内疚。内疚也是一种不容忽视的感受。如果我们是因为自己做了某事或者没有做某事而内疚，那么这就是有用的内疚，它提示我们需要改变。但是，如果你尽了最大的努力，却仍然感到内疚，那不是因为你没有努力，而是你内心的批评者让你产生内疚。这更像是一种焦虑，无法归因于任何具体的事情。

如果你把自己看成一个失败者，并且无法让内心的批评者安静下来，那就改变你对失败的看法。失败是正常的，也是必要的，从不失败的人将一事无成。我们成功与否不仅与外部因素有关，也与我们和自己对话的方式有关。我想到了一个男人，他写信给我讲他的嫉妒心。

我最近才意识到，我是一个特别爱嫉妒的人，这给我带来了极大的痛苦。

我嫉妒我所有的朋友，包括我的女朋友，还有我在社交媒体上看到的人。在我看来，别人身上的任何正面品质都是我所不具备的品质，我会因此对自己做出负面评价。

我每天都会拿自己和别人比，从生活到工作，方方面面都要比较，以确定我是否更“成功”或过得更好。我总能看到比我更有才华的人，看到我永远无法创作出来的艺术品，还有我不可能掌握的技能。

我把所有时间都花在懊恼自己的作品不如别人的作品上。我是个自由职业者，从事创意行业，每件作品都会被拿出来比较，这让我更容易陷入情绪低落和抑郁的恶性循环。我该如何杀死这只绿眼怪兽[1]呢？

---

1. 绿眼怪兽（the green-eyed monster）出自莎士比亚的戏剧《奥赛罗》，用来形容嫉妒心。——编者注

我们不能杀死绿眼怪兽，但我们可以重新构建它，把羡慕和嫉妒区分开来。嫉妒就是不想和兄弟姐妹分享母亲的爱，或者希望那些被我们视为对手的人遭遇不幸。羡慕是看到别人拥有我们想要的东西时的感觉。羡慕的感觉是正常的，它是一个提示，让我们明确自己的愿望，帮助我们意识到自己想要什么，并激励我们去努力追求。

然而，嫉妒会放大我们内心的批评者的声音。也许我们在成长过程中养成了和兄弟姐妹攀比的习惯，如果是这样，我们现在可能会把这种习惯转移到所有的人际关系中，不断地拿自己和别人比较。别人的成功在我们眼中不仅是他个人的事，还映衬出我们的失败。我们是在将他人外在的成功与自己匮乏的内心世界进行比较。我的建议是多了解别人的内心世界。可以和朋友、合作伙伴、同事谈谈羡慕的感觉，了解一下他们有怎样的经历和体验。我们越是把羡慕的感觉藏在心里，内心的批评者就越有力量控制我们。

对于比我们更有才华的人，我们可以向他们学习，与他们合作，而不是把他们视为竞争对手或潜在的痛苦来源。如果别人有你天生就不具备的特质，为什么不和他联手合作呢？这就是我们要组成团队一起工作的原因——大家可以分工协作，各自发挥优势。

仔细倾听你内心的独白，看它是否又陷入了一种熟悉的模

我们可以把羡慕的感觉

当作一种提示，

让我们知道自己想要什么。

羡慕可以成为催化剂，

帮我们找到目标，

激发出斗志。

式。问问自己，得到负面评价时，你是怎么跟自己对话的。你认为：

---

a. 那些人没什么见识，我还是坚持自己的想法。

b. 他们是对的，我干脆放弃吧。

c. 这个反馈很难接受，不过有些建议是有用的，我会做一些改变并继续努力。

我们会选择a、b还是c，可能更多的是基于过去积累的经验，而不是基于哪种做法对自己更有利。如果你发现自己在玩攀比游戏，恭喜你终于意识到了这个问题。试着转移你的注意力。你不会在一夜之间做出改变，但通过反复练习，你会随着时间的推移而改变。这只是过去形成的习惯，你可以逐渐养成新的习惯。

谁是你的
替罪羊

★★★

我们内心的批评者会阻止我们直接解决问题，并且会让这个问题成为生活其他方面不如意的替罪羊。有位40多岁的女士写信给我说，她现在感到非常后悔和失落。她解释说，她的生活表面看起来平静而幸福，自己朋友很多，兴趣也很广泛，这些虚假的表象掩盖了她内心的不满。她后悔结婚太早，觉得自己从来没有真正爱过丈夫，有时甚至希望他尽快消失。这种感觉让她深感羞愧。丈夫这些年来始终坚定地支持她，他们刚结婚的时候她就有了外遇，可丈夫依然爱她，这更加重了她的羞愧感。

发生那次外遇之后，她和丈夫分开了几个月，然后又回到他身边，因为她觉得很孤独。她知道自己有很多值得感恩的事情，但她仍然后悔没有选择一个更吸引她、更适合她的人生伴侣。她对事业也有类似的感觉，她工作很投入，表面看起来也很成功，但她仍然觉得不满。她写信给我，是因为她想要摆脱这种不满和后悔的“侵入性思维”[1]，找到满足感。

有一种信念系统是认为自己应该还有更完美的选择，而这种信念是可以打破的。我怀疑这位女士的问题并不是选错了丈夫，而是无论她做出什么选择，她都认为是错误的选择。这就是为什么她对自己的事业也有同样的感觉，她一边不满一边还在继续从事这份工作。当然，我们都经历过“滑动门”（sliding doors）[2]时刻，生活中有一些遗憾是很正常的，但我想她内心深处很清楚，这种不满是内在问题。毕竟，她没有想要换丈夫或者换工作。她很准确地意识到自己的问题来自侵入性思维，她知道不是她选择错了，而是对这些选择的想法给她造成了困扰。

这位女士的原初感受[3]是不满，而她加强和维持这种原初感

---

1. 大脑毫无预兆地产生荒谬的想法，这种现象在心理学上称为“侵入性思维”（invasive thoughts）。这些想法常常怪异、荒谬甚至充满暴力，令人感到担忧或困扰。大多数时候它们只是一闪而过，但有些人会反复纠结于这些想法，从而产生强烈的痛苦情绪。——编者注

2. 美国电影《滑动门》讲述了失业的海伦在地铁站里因搭上与错过地铁而开始的两段截然不同的人生旅程。滑动门一开一关，命运随之悄然改变。——编者注

3. 在心理学中，第一时间产生的感受被称为“原初感受”（default feeling），找到它，就可以发现问题的根本所在，其他的情绪、感受和想法多是我们自己制造出来防御这种原初感受的。——编者注

受的方式就是玩后悔游戏。她对自己的婚姻和事业感到后悔。哪怕她说她后悔选了某个专业，或者后悔买了哪所房子，我都不会感到惊讶。那么这到底是怎么回事呢？

除了后悔游戏，还有其他很多困扰、折磨我们的游戏和“原初想法”（default ways of thinking）[1]。有些人喜欢玩焦虑游戏，刚摆脱一种焦虑，另一种焦虑就会立刻出现。通过玩这样的游戏，我们可以避免挑战自己，它让我们相信这些习惯性情绪是外部因素引起的，而不是来自内在。我并不是说外部情况和事件不应该也不会对我们的感受产生影响，只是我在这里强调的是“原初”：原初的背景、习惯或情绪。这不是一种令人愉快的状态。好消息是，我们有能力改变它。

在20世纪60年代，医生控制严重癫痫的少数几个方法之一是切断大脑左右半球之间的神经束。为了进一步验证这一点，神经生理学家罗杰·斯佩里（Roger Sperry）和他的团队做了一些实验，看看左右脑无法进行信息交换时会发生什么。他们发现，人类总是会想出一个荒谬的原因来解释他们为什么会有这样的感受，并围绕这种感受编织出各种故事。这个实验的关键点在于只向被试的半侧视野展示信息，将信息控制在单个

1.“原初想法”是我们冒出来的第一个想法，它往往是受外界影响被长期灌输的想法，而第二个想法才是我们内心真正的想法，所以那些不好的思维模式其实是从成长环境，特别是从小时候给我们带来创伤的人那里学到的。——编者注

我们很容易把自己的
不满归咎于外部因素，
而不是向内寻找原因。

脑半球中。比如，如果一个信息只展现在左侧视野，这个信息就会由右脑处理，完全不会进入大脑左半球，因为大脑的两个半球的连接通过手术被切断了。

当科学家们只给被试的右侧视野展示“行走”的指令信息时（通过遮住右眼——左眼与右脑相连，反之亦然），被试会站起来行走，但当他们被问及为什么这样做时，他们不会说“我不知道”或“我很想这么做”或“工作人员给我看了一个指令”，而是会编造一个说法，解释自己的无法自控。被试会说“我需要一杯可乐”或“我觉得身子有点僵硬，需要四处走走”之类的话。换句话说，在实验中，大脑负责感知的部分（通过感觉器官接收外界刺激信息，并由大脑进行加工和解读）与感觉部分（包括视觉、听觉、嗅觉、味觉、平衡觉等）被分离开来，所以负责感知的那部分大脑就会虚构一个故事。

即使我们左右脑之间的神经束没有被切断，我们也会为自己的感受和行为找出原因。当我们的大脑找不到原因时，我们常常会选择离自己最近的物品或人，认为这就是我们不快乐的原因。再看刚才这个例子，女主角不满的原因可能是嫁错了人，或者结婚太早。即使她失去丈夫会更难受，她也仍然坚持认为丈夫不适合她，并且把这当作她不满的原因。这是因为我们很难审视自己的真实感受，重温最早的记忆，把原因和经历区分开来。而如果找不到原因，我们就很难感知自己的情绪。

根据我作为心理治疗师的经验，我们在叙事的时候注入的情感越多，就越不可能证明它是真正的原因。因为我们对待事实和观点的态度是不同的，对于事实我们都会保持情感上的中立。比如，草是绿色的，即使你认为它是蓝色的，我也不会因为你和我意见不同而生气。可是如果你质疑我的一个观点，那么我就会情绪激动地反驳。例如，如果你说狗是比猫更好的宠物，我将会和你展开一场激烈的争论。我认为，当这位女士想到她的丈夫时，她会用强烈的情感来支持她的习惯性思维，即她的不快乐是因为她做出了错误的选择。我们的想法和思维方式最后都变成了习惯，但那只是习惯，不代表事实。

有时候，我们不会把负面情绪和体验归咎于他人，却会转嫁到自己和自己的身体上。躯体变形障碍是一种心理疾病，症状表现是过度担心自己身体的缺陷。哪怕别人并不认为你有缺陷或是根本没注意到你的缺陷，你也会不停地想象、夸大自己的缺陷，并为此感到羞耻和焦虑，给生活带来负面影响。躯体变形障碍可能是我们小时候被嘲笑、欺负、过度批评或虐待引起的。公开谈论自己的身体并不是一件容易的事，但如果我们总是因为身体而过度自卑，这就是重要的第一步。

我收到了一封中年男子的来信，看起来他可能患有躯体变形障碍。

我的阴茎很小。在我14岁的时候，有个男孩在学校的更衣室里冲我大叫“瞧你那个小家伙”，让我觉得很丢脸。在那之前，我从来没意识到它这么重要。

这个缺陷让我极度自卑，成了困扰我的心病。

我今年55岁，是三个孩子的父亲，我的婚姻幸福美满，性生活也很和谐。你肯定会说，如果伴侣满意，那么我的自卑应该会减轻很多。可是40多年来，这个阴影始终挥之不去，让我痛苦、烦恼、压抑。

在我的成长过程中，我总是被认定会“失败”，这让我产生了一种根深蒂固的自卑感和羞耻感，我认为自己是一个充满缺陷的人，而“阴茎短小”就是“证明”我有缺陷的有力证据。我曾经做过心理咨询，但我的问题没有得到足够的重视。我该如何化解羞耻感，不去在意自己的身体缺陷呢？

从他的来信可以看出，他从小就认为自己有很多缺陷，而且受到很多攻击。我不认为阴茎短小就是缺陷，但从他的思维

方式来看，“阴茎”象征着他在成长过程中遭受的恶劣对待，所以它成了他生活中所有其他问题的替罪羊。14岁那年，当他在更衣室里因为阴茎受到羞辱时，他的大脑就把这种感觉和之前所有自卑的时刻关联起来，把他以前遭受的所有痛苦和侮辱都和阴茎关联起来。每当他在公开场合或私下听到关于阴茎的话题时，他的创伤都会进一步加重。

躯体变形障碍有很多表现形式：对特定的身体部位（比如这个男人的阴茎）感到焦虑，或者对体重、身高、性别、面部特征、皮肤状况等等感到焦虑。具体是什么并不重要，重要的是它们已经成为我们心理痛苦的象征。对于患有躯体变形障碍的人来说，他们会对自己身体的某个方面持续感到烦恼和困扰，有时会藏在心里，更多的时候会表露出来。

许多人可能会想，如果能够通过一种安全的整形手术来“修复”他们不喜欢的那部分，那么他们就会被治愈。但事情并没有那么简单，因为他们永远不会对结果感到满意。躯体变形并不是指身体的某个部分有问题，而是身体的这个部分为他们在成长过程中遭受的心理伤害承担了责任。他们会觉得是身体的某个部分有错，或者是社会有错，但实际上，是他们在成长过程中对整个自我的看法错了。

虽然我们不太可能关闭内在批评者的声音，但我们可以与它建立一种不同的关系。无论你发现自己把消极情绪归咎于别我们不必把侵入性思维当真。

可以观察那些想法，

但不要把它们当成事实，

这样我们才能生活得更满足。

人、自己的选择还是自己的身体，要想控制侵入性思维，都要从观察这些想法开始。首先接受一个事实——你不可能完全阻止它们，但你可以不把它们当回事。不要被你的想法所左右：观察它们，而不是认可它们，这样才能不受它们的影响。这需要你每天花时间练习。多年来，你内在的批评者一直在向你传递关于你的负面信息，但这种批评不是事实真相，它只是让你觉得熟悉。

当你练习观察时，你会更清楚地知道你是如何体验自己的感受的，并且能够识别出你之前为这些感受编造的原因。有的感受毫无来由，因为我们并不总是能为自己的感受找到原因。如果你一定要讲出一个可以自圆其说的故事，那就想一个更好的故事。我们给自己讲故事的好处就在于，我们可以掌控故事，让它成为积极的故事，即使它不一定会变成现实。正如我在第一章中所说的，“如果一定要假设和想象，建议多往好的方面去想”。如果我们能多关注积极的一面，少关注消极的一面，我们就能学会引导自己的想法。

极端的躯体变形障碍通常不会自行好转。如果不及时治疗，可能会随着时间的推移变得更糟。标准的治疗方法是认知行为疗法和/或使用抗抑郁药物。如果你符合躯体变形障碍的症状描述，我建议你向医生咨询这些问题。就我个人而言，尽管这不是标准的治疗方法，但我还是倾向于使用催眠疗法来治疗躯体变形障碍，因为你对身体的焦虑来源于过去的心理伤害，你需要打破这两者之间的关联。

————

任何时刻都会成为过去

★★★

人们对童年创伤的了解比过去更加深刻了。我听到过很多关于创伤及其影响的故事，它们都深深触动了我。

有个男人给我写信讲述童年经历对他的影响。

> 我不想再活下去了。我有一份稳定的工作，有美丽的妻子和一个可爱的孩子，还有一个孩子即将出生。但我觉得自己只是麻木地活着而已。
>
> 我从小就有这种感觉。我知道我的这点痛苦不算什么，比我惨的人应该有的是，我经历的这些事你可能已经听过几百次了：亲生父亲离家出走，继父虐待我们全家

人，母亲活得就像行尸走肉一样，对我们不闻不问，我和妹妹经常感到孤立无援。我总幻想着去一个与世隔绝的地方（天寒地冻、荒无人烟、没有网络也没有电话），或者发生可怕的事故（比如遭遇车祸）。我童年时期的另一个幻想是自杀，但长大后我需要赚钱养家，这个幻想就暂时放下了。

我真希望我不存在，希望我从来没有来到过这个世界。我觉得我的整个人生全是污点，一切都是错的。既然有了孩子，我肯定不会结束自己的生命，所以我现在陷入了困境。妻子建议我接受心理治疗，可是我觉得心理治疗的作用有限。它是否能让我的生活变得更有意义？是否能让我学会接受空虚，有勇气继续活下去，同时安慰我总有一天我可以离开这个世界？

我知道我的想法听起来很自私，我应该把孩子放在第一位！但如果我毫无活着的欲望，不管我多想把孩子放在第一位，我又怎么可能做得到呢？我现在活着就是在等死。

——————

这个男人觉得我听过很多与他类似的经历，既然很多人都遇到过这样的事情，那他这就算不上什么创伤。可是创伤不是比赛，创伤性事件并不需要多么罕见或多么轰动，所有的创伤都应该得到承认，每个人的痛苦都值得被看见。当我们受到创伤时，情绪脑会格外敏感，而理性脑的功能会受到抑制，所以理性脑无法说服情绪脑回到现实生活中。我们不能告诉自己"应该"有什么样的感受，就像我们不会告诉摔断腿的人要接受现实，我们也不能让受过创伤的人忍耐一切。

在信中，这个男人说他的母亲就像行尸走肉一样，我觉得他母亲可能是处于解离状态，我想知道他是不是也这样。当生活令人恐惧、难以应对时，身体所能做的就是解离。就好像意识离开了身体，我们失去了感知能力，感觉自己生活在想象中，而不是在现实里，身体变得麻木，也感知不到自己的情绪。解离可以被视为一种处理过于强烈情绪的"断路器"，能够关闭情绪脑，不让创伤的感觉和记忆浮出水面。我们用理性脑去工作、赚钱、社交、建立良好的关系，但我们不会有任何感受，也不觉得有意义。当我们遭遇遗弃或虐待等极端创伤事件时，关闭感受能让我们幸存下来，这是身体应对压力的本能反应。我们可以通过不去感知身体正在经受的事情来进行自我保护。解离或抑制感受带来的问题在于，我们在关闭一种感受的同时，也关闭了其他所有感受。我们没有了痛苦的体验，同时也失去了快乐的体验。不幸的是，这种情况往往在威胁消失后很长一段时间内仍在持续。除非我们认识到什么是解离，并且在它发生的时候能够识别它，否则我们很难控制它。

身体解离有不同的方式，也有不同类型的治疗方法。有一种常被推荐的治疗方法是眼动脱敏与再加工（Eye Movement Desensitization and Reprocessing，简称EMDR），它能够帮助恢复理性脑和情绪脑之间的平衡，缓解与创伤记忆相关的痛苦，使我们能够从令人不安的生活体验导致的症状和情绪困扰中痊愈，从而夺回自我控制权，不再被过去的事情和感受困扰，不再感到愤怒、羞愧和崩溃。如果你回避某一段创伤经历，不想面对它，也不想讲出来，那么当生活中的某件事触发你的记忆时，你会产生和当时一样的感受，甚至会出现闪回，也就是在意识清晰的状态下突然回忆起创伤的经历，感觉就像重温了那一刻的恐惧、绝望和无助，好像创伤经历现在正在发生。如果有些人当时的感受是悲伤、羞耻或恐惧，现在他们就会变得更容易愤怒，以避免自己再次陷入脆弱无助的境地。

让创伤记忆成为过去式，这一点非常重要。如果创伤没有得到疗愈，那些被压抑下去的东西注定会变成当下的体验重复再现。例如，如果你在战争期间因为外出而在炸弹爆炸时受伤，随后你的大脑抑制了对这段经历的记忆，那么即使战争结束了，街道也更加安全，你仍然可能因为太害怕而不敢离开房间。你甚至可能忘记了自己为什么害怕出门，但还是会阻止自己出去。你还会不断地找出其他原因，告诉自己外面不安全，不要出去冒险。如果你找到了创伤的根源，把这段记忆彻底变成过去式，你就能摆脱过去的痛苦，更好地活在当下。

当我们有足够的勇气把痛苦经历说出来的时候，我们就能逐渐掌控它。就像把恶魔从盒子里放出来，越仔细看它，它就越不可怕，就像削尖的铅笔越用就会越粗一样。处理创伤体验，使其变得可控，与重温创伤经历并再次给自己造成创伤，这两种做法之间有细微的差别。心理学家沃尔特·米歇尔（Walter Mischel）发现，人们常常被建议谈论自己的创伤，但这样做并不一定会减少不良影响——如果以有害的方式谈论，实际上会让情况变得更糟。

有人回忆起可怕的事情时，我会鼓励他们和我保持眼神交流，这样他们就不会回到噩梦中。这有助于他们意识到，现在他们可以掌控局面。一旦你把创伤经历说出来，它就可以成为过去，而不是再次重演，好像当下正在发生。让这个过程顺利推进需要艺术手法，而不是精确的科学手段，没有人能保证每次都奏效。米歇尔在研究中发现，如果被试以第三人称描述自己的糟糕经历，从旁观者的角度暗中观察，创伤的影响就会减弱。这样做会使他们与痛苦的事件保持距离，对过去的经历有更多的思考，而不会自我毁灭。

两个人要分手的时候，如果其中一方觉得自己受到了伤害，心有不甘，就会喋喋不休地倾诉并且始终表现得耿耿于怀，这种谈论创伤的方式就是在加重创伤。如果有朋友这样做，我们可能会说他们在“博取同情”。解决这个问题的办法就是培养自我意识，这样我们就可以引导想法而不是受控于它们，从而继续好好生活，而不是陷入困境无法自拔。说出创伤经历并不是坏事，在大多数情况下，这样做是有好处的，甚至是必须做的。但如果我们只是不断重温创伤，却没有学会与它保持距离，也没有掌控记忆，那便是毫无用处的。

我同意米歇尔的观点——沉湎于创伤可能弊大于利，但是像鸵鸟一样把头埋在沙子里也不会帮助你克服创伤。创伤是复杂的，我想向每一位有兴趣了解更多创伤知识的人强烈推荐巴塞尔·范德考克（Bessel van der Kolk）的《身体从未忘记》（*The Body Keeps the Score*）。作者在书中解释了创伤是如何影响身体的，追溯创伤治疗的历史，并介绍了常用的治疗方法，包括药物治疗、谈话治疗和身体治疗等等。这是一本可读性非常强的书，书里有个人故事，也有案例研究。如果你遭受过创伤，并且现在仍然受到创伤后遗症的影响，那么了解所有不同的治疗方法及其优缺点会对你很有帮助，可以让你更好地掌控你的选择。

如果你也像前面那封信里的男人一样，没有任何感觉，找不到继续活着的意义，我想让你知道，你不会永远如此。你过去得到的帮助对你不起作用，并不意味着你就走入了绝境——

那只能说明你得到了错误的帮助。要知道，即使你什么都不做，那些绝望和黑暗也都会成为过去。

我最近给一个准备自杀的男士发了一封电子邮件。他妻子要离开他，但他并不怪她，因为他一直觉得他们的婚姻很平淡。他预定了邮件的发送时间，希望我在他结束生命之后收到这封信。我一收到信马上就回信了，我建议他给撒玛利亚会[1]打电话。谢天谢地，他把邮件预定发送的时间搞错了，所以他及时收到了我的回信。我给他回信这件事改变了他的情绪，然后他注意到窗户的把手坏了，于是花了一个下午的时间修理把手。当他给我回信时，他已经不再有自杀的念头。当然，他的抑郁并没有消失，但一封简单的电子邮件似乎给了他足够的能量，让他在那个下午通过修理一个坏掉的窗户把手找到了目标和意义，并且走出了之前的困境。

我又给他写了一封回信，请他帮我一个忙，预约去看医生，告诉医生他的感受和他的自杀企图，我还请他告诉我医生对他说了什么。我很开心没过多久就收到了他的回信。他说这是他第一次去看社区医生，医生建议他向当地的NHS（英国国家医疗服务体系）急诊热线和健康心理组织寻求帮助。

1. 撒玛利亚会（the Samaritans）是英国的慈善团体，为严重抑郁和想自杀的人提供热线电话谈心服务。——编者注这件事告诉我们，任何时刻都会成为过去。我不是说给我写信的男士已经脱离了危险，我想说的是，因为他比原计划提前发送了邮件，又因为我碰巧立即回复了这封邮件（这对我来说是非常罕见的事情），所以他今天还活着。而且你会注意到，我所做的并没有什么特别之处。我让他给撒玛利亚会打电话，可是他根本没有这么做，所以我的建议并不是关键点。对他产生影响的是我们通过电子邮件交流建立起的小小连接，而不是我在信里说了什么。最重要的一点是，每一个时刻都会成为过去。如果你发现自己处于极度黑暗的时刻，请向撒玛利亚会求助——他们每时每刻都在那里，黑暗时刻一定会过去的。

内部参考与外部参考

★★★

我们在生活中做决定主要基于两个因素：我们的内心对这件事的感受，以及与之相对的，外界和他人怎么看待我们做这件事。我称之为“内部参考”和“外部参考”。有时候，这两种驱动因素可能会相互矛盾。为了找到满足感，你需要向内关注自己的感受，而不是向外关注事物的表象——即使它们看起来有价值。我收到一位女士的来信，她说自己很难调和这两者之间的矛盾。

为什么我们要用一个人的职业来定义他？我在想这是否会限制我们的人生选择。我们和某人初次见面，聊天时

总会不可避免地问："你是做什么的？"通常我会这样回答：我是一名老师。

20年来，我一直把自己定义为一名老师。如果我不用专业工作来定义自己，那我该怎么说呢？我无法想象我回答说"我负责整理货架"或"我在寄养机构照顾狗狗"。当我试着和父亲讨论这件事时，他说如果是这样的话他会很失望，"因为我喜欢告诉别人你是老师"。

我曾经问过我的孩子长大后想做什么，当他们说想从事专业性很强的工作，我会下意识地表现出更多的认同。但我现在意识到，我只希望他们快乐。那么，我怎样才能有勇气做自己，不被外在标签所束缚呢？我又该如何把这些观念灌输给我的孩子们？

许多人努力工作是为了让别人看到自己在做正确的事情，是为了拥有漂亮的履历而不是享受当下。如果有选择工作的机会，我觉得需要重点考虑的是你在投入工作的时候是否感觉良好，而不仅仅是你喜不喜欢这份工作。工作应该给人带来满足感，不是因为它看起来是份体面的工作，而是因为它能让你产生美好的感受。

如果你和写信的人有相同的困惑，我建议你试着多做内部参考——这意味着要弄清楚一件事带给你的感受，少做外部参考——这是别人对这件事的看法。我并不是说所有的外部参考都不好——如果我们完全不在意自己给别人留下的印象，只要自己开心就好，那我们可能会与当今的社会文化格格不入。然而，一般来说，我们做决定应该更多地基于事情带给我们的感受，而不是外界的看法。这似乎已经成为常识，但我还是要详细说明一下——我们梳理得越清楚，就越能明白怎么做。

我们追求的所谓社会地位其实并没有得到普遍认可。你是地区法官、高等法院法官还是上诉法院法官，对法律界以外的人来说意义不大，因为大多数人只听说过“法官”这个词。别人不会因为你拥有一个职位就仰慕你，也不会因为你在平凡的岗位上就认为你没有价值。这些区别对那些行业领域之外的人来说似乎并不重要。

这一点在人际关系和职场中都很常见。人们可能会一直维系着并不幸福的婚姻，只是因为这段婚姻在外人看起来很美满。记得我曾收到过一位年轻女子的来信，她说和丈夫离婚了，这让她感到很绝望。但她又说他们经常冷战，互相指责，性生活也一直不和谐。她感到绝望只是因为在她的家人看来他们的婚姻非常幸福。可是，为什么这样我们就应该满足了呢？女性总是被告知，满足感来自丈夫和孩子，在其他方面无法找到真正的幸福。我想很多人都有这样的想法，我们在潜意识深处认为这就是幸福，但这种想法只是一种内摄（内摄是指我们无意识地接纳了一种文化观念或者别人的态度、价值观，并认为这是我们自己的）。

要摆脱困境，找到满足感，我们需要剖析所有关于幸福的定义和说法，只保留真正符合我们价值观的东西。这将是一段充满不确定性又激动人心的旅程，而我们可能会对自己的发现感到惊讶。之所以这么说，是因为我收到了一封准医生写来的信。

> 我喜欢医学，因为我想帮助别人，给他们的人生带来转机。我相信做一名医生能让我成为对社会有用的人。我很想当医生，但现在我对自己能否从事这个职业产生了怀疑。
>
> 今年秋天我要开始临床轮转，我想利用业余时间学习一些病理生理学，还要自学很多课程，我很享受这个过程，但是我一坐到桌前就想逃，感觉压力好大：要学的知识太多了，似乎永远都学不完。
>
> 我为什么会有这样矛盾的心理呢？

我们大多数人的潜意识里都包含几个子人格，所以我们既有意志力，同时内心又充满叛逆。意志力人格有话语权，但叛逆人格会以行动表现出来。很多时候，我们很清楚意志力人格想做些什么，也知道叛逆人格不想做什么——无论这件事对你来说多么“好”，你都觉得乏味或无聊——但它到底想要什么呢？我们需要更好地理解叛逆人格，否则它只会找借口逃避它不想做的事情。

许多实验表明，老年人通常比年轻人更容易满足。因为随着我们逐渐接近生命的终点，我们不再像年轻时那样关注未来，计划未来。我们会活在当下，最大限度地利用每一天，因为我们知道余下的日子是有限的。这对我们所有人来说都是一个重要提醒：要更好地活在当下，不要去纠结已经发生或尚未发生的事情。我在心理治疗培训中分享过这样一句话：“如果你一只脚在过去，一只脚在未来，那你就是在对着当下撒尿。”

当然，每个人都有适合自己的做事方式。重要的是摆脱总是计划未来和担心未来的习惯，要知道享受当下才是获得满足感的途径。年龄的增长和身体的衰弱让我们看到是什么给我们带来了幸福和满足——通常是我们的关系：与家人和朋友的关系，与邻居和同事的关系，以及与旧书、画作、财产和信念的关系。

我们的叛逆人格可能想要寻求一些乐趣、浪漫和安逸。找出

多做内部参考，
少做外部参考。
喜欢它，享受它，
这就是你投入时间
做这件事的充足理由。

它想要什么，然后和它达成交易。如果我们不这样做，身体就会反抗。这可能意味着我们要像安排工作一样安排娱乐活动。正如小提琴家耶胡迪·梅纽因所说："任何一个人真正想做、喜欢做的事情，都必须每天去做。"这就像鸟儿飞翔一样简单自然。你无法想象一只鸟说"我今天很累，我不打算飞了"。

我们不仅仅是一个角色——医生、老师、女朋友、父亲或其他什么角色。不要让角色的设定以及你赋予角色的意义掩盖你这个人本身。周围的人不只希望你扮演好自己的角色，更希望与真实的你建立连接。探索一下你的渴望是基于内部参考还是外部参考，再深入挖掘一下你的意志力人格想要什么以及为什么想要，还有你的叛逆人格想要什么。

我们不必在听从大脑还是内心之间做出选择，我们可以两者兼得。大脑可以倾听内心，无论做决定还是不做决定，都会考虑内心的感受。为了发现我们真正渴望的是什么，我们必须同时倾听大脑和内心。活在当下，问问自己对这段经历感觉如何，让这些感觉引导我们，而不是我们以为能带来幸福的那些东西。

找到满足感意味着你的这两个次人格达成了妥协。如果你发现自己勉强做着一份看上去不错的工作，或者勉强维系着某种表面光鲜的局面，请重新阅读第三章。记住：改变方向永远不会太晚。

决定幸福的不是厨房，而是厨房里的人

★★★

1946年出版的维克多·弗兰克尔的《活出生命的意义》一书中讲到，有个丧偶老人在妻子去世后一直活在痛苦中，觉得人生再也没有任何意义。弗兰克尔问他："如果是你先死了，而妻子还活着，她会感觉怎么样？"老人回答说："那对她来说太可怕了，她会非常痛苦。"弗兰克尔说："那你的痛苦就是有意义的，因为它避免了你的妻子承受同样的痛苦，你要付出的代价就是活下来，哀悼妻子。"痛苦在找到意义的那一刻，就不再是痛苦。弗兰克尔没能让老人的妻子死而复生，但他成功地改变了老人对痛苦的态度。

弗兰克尔还引用了尼采的话："一个人知道自己为什么而活，就可以忍受任何一种生活。"存在主义哲学家认为，生命是没有意义的，我们要做的就是接受这一点。死亡是对人类存在意义的考验，我们试图通过创造死亡的意义来解决无意义的问题，减轻对死亡的恐惧，减弱“一切都可能不复存在”的虚无感。有些宗教中有轮回或者永生的说法，有些人可能会试图否认：

“我不害怕死亡。”

“真的吗？”

“当我离去时，我就不复存在，仅此而已。”

“是这样吗？”

“当然，如果我是最后一个活着的人，如果我的家人都离开人世了，那么我会害怕孤独，但是，我不害怕死亡。”

“那为什么刹车失灵时你会尖叫？坐过山车的时候你也会尖叫？”

“尖叫是因为本能地害怕死亡，但我会试图通过理解死亡或否认它的存在来安慰自己。”

我们唯一能做的就是从死亡中获得意义——或者从哲学理论或宗教中找到现成的意义，或者创造出属于你的新的意义：当我死去的时候，我觉得我的一部分会在别人身上继续存在，因为我爱过他们，我希望这份爱永远伴随着他们。这是用感受构建的意义，但只是凭空想象，只为给自己一些安慰。我觉得这个说法有些老套、荒谬、不切实际。就像那些无法为信仰找到依据的人一样，我对此也持怀疑态度。

我们来看看凯特的这封信。她是一个即将走向生命终点的女人，看了她的信我们就会明白，对她来说什么是最重要的。

我需要你的帮助。确切地说，是女性治疗师的帮助。我有一个乐于助人的治疗师，在我43岁被诊断出癌症后的三年里，他给了我很多帮助，但也许我想做的事情过于感性，每当我向他提起这件事时，他都会说：“这是女人才会做的事情。”

长话短说：我婚姻很幸福，丈夫是个好男人，我们没有自己的孩子，我是一个女孩的继母。我一直忙于工作，直到被确诊患了可怕的癌症，开始接受化疗。治疗预后很差，希望一点点破灭，我无数次在夜里痛哭失声。我要抓紧时间做我想做的事了，现在我在伦敦的酒店里给你写这封信。很遗憾死亡来得这么快，但我已经能平静地面对它，最折磨我的是要拖着病躯活到人生的终点。

我希望在即将逝去的时候安排好死后的一切。我幻想着葬礼上的音乐，就好像我在策划一场婚礼。我幻想着我离开这个家以后会发生什么事：猫肯定会跑出来，因为我亲爱的丈夫总是忘记关门。

我丈夫有点脆弱，让他看着我死去，对他来说实在是太痛苦了。我还不想走，我们一起度过了那么多美好的时光。我想他一定很希望我死后还能以某种形式留在他身边，我也希望如此。也许我已经回答了自己的问题。

我想给他准备40张生日卡片，让朋友每年挑一张寄给他。我想给他留一箱好看的书。我想给他写下一些甜蜜的留言和鼓励的话。他未来的太太会怎么想呢？也许她需要一本指导手册，从而更了解我的丈夫。

我该如何优雅地等待生命逝去呢？你遇到过连死后微不足道的小事都要安排好的人吗？天哪，我是不是疯了！

我很感谢她写了这么一封温柔的信，告诉我们如何优雅地等待生命逝去。这并不疯狂，反而很美好。她确实回答了自己的问题，我也从她那里学到了经验。我喜欢她关于书、手册、留言和生日贺卡的想法。这都是她的爱的遗产。在生命的最后时刻，她清楚地认识到，她生命中最重要的事——给她的生命赋予意义，也给她的死亡赋予意义——就是她的人际关系，还有她对丈夫的爱，对继女的爱，对他们家猫咪的爱。我越来越意识到，人际关系也是我生命中最重要的事。从她对身后事的安排可以看出，她很珍视这些爱的连接，并心存感激。

我们能从凯特身上学到什么呢？她的死对她丈夫来说是巨大的打击，但一场用心设计的葬礼会让死亡更容易接受。熟悉的厕纸也会有同样的作用——我母亲去世后，父亲想知道母亲以前买的厕纸是什么牌子的，这样他就不用面对不必要的变化。当我们沉浸于悲伤的时候，这些看似微不足道的小事却显得那么重要。“控制”和“计划”并不总是坏事。凯特的清单、手册和书籍不仅可以帮助她的丈夫和新的妻子好好生活下去，还会给他们留下一些与她有关的东西。

精神分析学家唐纳德·温尼科特把孩子自己选择依偎着的泰迪熊称为“过渡客体”，它象征着孩子与母亲之间稳定的联系，当母亲不在孩子身边的时候，它能抚慰孩子。不幸的是，凯特没能战胜癌症。她去世后，我给她丈夫写了一封信。尽管他还没有找到凯特写的贺卡，但他发现了她留下来的其他宝藏——关于如何应对生活的书，还有一本笔记，记载着她对他的情感。凯特死后留下的礼物就是他的“过渡客体”，我相信他会珍惜和欣赏它们。对凯特来说，做这些事也是一种过渡性的练习，这样她活着的时候就不会觉得自己马上就要死去。现在她虽然已经离开，但留下了一些实实在在的东西。我们都需要尽力支撑着活到最后，让我们的死亡变得有意义。

当我们觉得自己活着没有意义的时候，就会被绝望的感觉吞没。我们把凯特的信和我收到的另一封信对比看看。

我每周看一次心理医生。我的生活充满痛苦又一无所获，这让我感到羞耻，并陷入深深的持久的绝望。我不喜欢工作。我讨厌按照别人定好的日程表做事，发送毫无意义的邮件，参加毫无意义的会议。我讨厌朝九晚五的生活，讨厌漫长的通勤，讨厌请假——我的生活就是睡觉、工作、睡觉、工作。

家人和朋友都对我很好，但我还是非常不快乐。我不知道如何向身边的人表达我的感受，我觉得自己像个任性的孩子：总是不知所措，随时有可能号啕大哭。我不知道怎么才能快乐地活在这个世界上。

有些不快乐是难以避免的，我们不必因为自己不快乐而感到羞耻，承受双重压力。许多父母不能接受他们的孩子不快乐，所以他们的本意可能并不是想让孩子觉得自己不被接纳，可当孩子

悲伤的时候，就会产生这样的感觉，长大后也是如此。如果我们的悲伤在成长过程中没有被认真对待，或者我们为此感到羞耻，那么我们成年以后就很难学会与悲伤好好相处。

有些负面感受为我们敲响了警钟，提醒我们需要让生活更有意义。随着年龄的增长，我们需要重新审视年轻时认为有意义的东西并做出修正。正是那些难熬的时刻或负面感受促使我们这样做。有些人不同意我的观点，他们认为应该想办法平息负面感受。我相信精神治疗的药物是有用的，但不能作为首选。倾听自己的感受是很重要的，这样我们才会有动力做出改变，让我们的生活变得更美好。

弗兰克尔认为，为了让生命有意义，我们每个人都需要找到自己独特的意义。那么我们如何才能找到带给我们意义的东西呢？我想起了我收到的一封来自墨西哥的年轻人的信。

> 我马上就要33岁了。我的家在墨西哥的一个小镇。我单身，没有孩子，房子是租来的。我平时在家工作，收入只够支付日常开销和偿还债务。我的工作很轻松，但我讨厌它。
>
> 过去十年，我都没有在生活，只是活着，一心想要离

开我那有毒的家庭，摆脱充满暴力的家人。现在的生活比以前安宁许多，我有了自己的私人空间，时间更充裕，健康状况也好起来，但我仍然没有舒适自在的感觉，不知我是否能找到那样的感觉。

我没做过什么了不起的事。我从未旅行过，没有车，也没有自己的房子。我没考上大学，没有朋友，也没有感情生活。我平时也读书，但好像从来都没有读懂。我喜欢听音乐，但又听不出门道。我不精通任何技艺，可以说什么都不擅长。

我以前的同学现在都不是什么精英，但他们似乎很满意自己简简单单的生活。有些人做点小生意，早早结婚生子，过着甜蜜的小日子。我还记得小时候和奶奶住在一起的那两年，那是我人生中最快乐的一段时光，很有安全感，也有被爱的感觉，好像每天都充满奇遇。我想要变得更有活力，让生命更有意义。我不希望到了33岁却仍然一事无成。

看起来这个年轻人曾经一直处于高压状态。当压力的来源消失时，就会让人觉得不安、无聊和没有意义。当我们放慢脚

步，停下来闻闻咖啡的香气时，可能会感觉精神有些恍惚。这种恍惚又被称为“存在的空虚感”，许多人会开始恐慌，因为我们不允许自己有空虚感，所以我们开始滑动手机，点开视频，或者打开笔记本电脑，继续工作。我建议你不要惧怕它，而要欢迎它。如果我们能静静地坐一会儿，什么都不做，也许就会涌现出一些想法，比如想阅读或创作什么东西，或者想要看到什么人。

允许自己感受那种空虚会对你非常有帮助，不要用即时满足来填补它（从长远来看，那很少能真正令人满足），你可以把它当成一个机会，琢磨一些新的想法、创意或加强和他人的联系。如果用园艺来做个比喻，保持存在的空虚感，就是维护好院子，让它没有杂草，然后看看会长出什么。把它看作一片新的土地，在那里你可以种出新的东西。如果你种下一些种子，但它们没有生根发芽，没关系，再种其他的就好了。我们终生的任务就是发现自己是谁，自己想要什么，所以，我们是被允许不断尝试的。

有些人只用取得的成就和所做之事来评价自己，因为在他们的成长过程中曾经被反复灌输这些很重要。我们已经习惯了快车道，一旦静下来，停下来，就觉得自己毫无价值。如果没有肾上腺素，我们很难感受到充分的活力。肾上腺素成瘾者在没有实现挑战时就会觉得枯燥无趣，但当他们学会注意呼吸的感觉、触摸的感觉、味觉和嗅觉时，他们就会慢慢意识到，不

“存在的空虚感”

有点像走下一辆公共汽车时的那种感觉：

在站台上等候下一辆，

不知道它会不会来，

也不知道它开往何方。

不要怕，

最后总有一辆公共汽车会出现。

是只有经历冒险和刺激才叫活着。也许大多数人都像这个年轻人的老同学一样，满足于做点小生意，把童年时感受到的爱（比如奶奶的爱和关怀）传递下去。

“工作和睡觉之间的这段时间是属于我们自己的时间，我们该如何好好利用呢？”这是洛瑞·李（Laurie Lee）在亨弗莱·詹宁斯（Humphrey Jennings）1939年执导的电影《闲暇时光》（*Spare Time*）的开头问的问题。我们在闲暇时光做的事各不相同：有人收集各种各样的东西，从维也纳的玻璃杯到超市购物清单；有人学习各种各样的技能，从自由泳到书法；有人编织，有人钓鱼，有人散步，有人写作，通过练习，大家的技艺不断提高。找到自己擅长做的事情，并且不断学习新技能，这对我们非常有益，能让我们感觉与身体更合拍，与心灵更和谐，与世界的联系更紧密。从这些我们喜欢做但又非必要做的事情中，我们得到的最重要的东西是目的和意义。当你在生活中找到目的和意义时，你就不会那么消沉了。

哈佛大学的一项纵向研究从1938年开始追踪268名哈佛大学本科毕业生的健康状况（其中19人在我写这本书的时候还活着），以找出我们在生活中需要哪些因素才能获得健康和满足。研究跨度长达85年，覆盖最初的724名参与者和他们的1300多位后代，其中大多是六七十岁的老人。研究人员收集了大量关于身心健康的数据，答案很清楚，那就是对自己的关系感到满意和满足的人明显更健康。拥有高质量的人际关系可以帮助我们活得更久，找到满足感。照顾好我们的身体很重要，照顾好我们的人际关系也是同等重要的自我关怀。我们都会经历人际关系的失败，重要的是不去评判自己，否定自己，而要不断学习，再次尝试。

商家为了推广产品，总是试图给我们洗脑，让我们认为事业成功、拥有大量的财富和金钱就是幸福。我有时也会想，如果我有一个漂亮的厨房岛台就好了……但我知道决定幸福的并不是一个时髦现代的厨房，而是厨房里的人。我告诉那个墨西哥的年轻人，他现在需要做的是找到投契的朋友，互相支持，彼此安慰。

后记

这本书的书名也许会让人产生错觉。是的，这是一本你想让每个你爱的人都读一读的书，因为关系不是由一个人建立起来的，而是需要两个人沟通和维护。我们不是只做好自己就行，还要准备好适应我们爱的人（和我们不喜欢的人）。另一方面，当我们做出改变时，也会对其他人产生影响，当我们更满足时，那些爱我们的人可能也会如此。我们与自己的关系也会影响我们与他人的关系。我们改变不了别人，虽然我们可以影响他们，但每个人最终都要对自己的选择和行为负责，我们唯一真正有能力影响的人就是自己。所以，我希望读这本书的人是你。

我们无法控制生活中的方方面面——无法选择自己出生的家庭，也改变不了被亲近的人背叛的事实。生老病死，天灾人祸，一切都不在我们的掌控之中，但我们始终有能力控制的是我们与自己的关系。这意味着我们可以选择如何照顾自己的身体，选择内心对话的方式，选择如何对待他人、如何对当下做出反应、如何表达和回应。

在这本书中，我写了人际关系的重要性以及伴随而来的困难。没有一段关系是一帆风顺的——我说的不仅仅是亲密关系，任何实实在在的关系都会出现你必须处理的分歧。我们都需要关系，尽管维护关系并不容易。我们可以把别人的反应当作一面镜子，透过这面镜子看到自己，并在此基础上形成自我认知。也许当你打开这本书的时候，你对那些你不太喜欢的人的看法已经改变了，你能更多地理解他们在这个世界上的生存方式。有时候我们觉得别人很讨厌，很可怕，可能只是因为他们对待生活的方式和我们不同。我们如果不学会处理差异，就会要么一直和人对抗，要么失去自我，不断被他人消耗。在我们的人生中，变化是不可避免的，我希望讲变化的那一章能帮助你在变化出现的时候做好准备。虽然我们不可能一直都快乐，但如果我们允许自己感受自己的情绪，我们就能在生活中找到一些满足感。

现在流行一种做法，就是给自己的某种行为模式或心理状况归类，比如“我是某某型依恋”，或者“我的内在童年创伤类型是某某某”。人们急于剖析自己，把这些术语当作自己的标签，不再花时间探索自我，这样做是很危险的，也不会让自己变得更好。我们要从各个层面了解自己、他人和世界，有时找到问题的原因并做出诊断是有用的，但有时这是一种自我设限。读这本书的时候你会注意到，我收到问题的时候没有马上给出诊断，你也不要在读完这本书以后立刻对自己做出诊断。

要更加了解自我，更好地应对生活，并不意味着时时刻刻都要进行内省，这样做是对我们的感受以及我们对他人的影响负责。在飞机上我们要先戴好自己的氧气面罩，才能去帮助别人，但这并不妨碍我们倾听和理解别人的体验与观点。如果你的内省让你变得更加偏执，更喜欢评判别人，比以前更孤立，那么它可能是有害的。如果内省给你带来更紧密的连接、更良好的沟通、更安稳和谐的生活，让你觉得和别人更亲近，那么我希望你能坚持下去。自我关怀很重要，它不是自私或自我放纵，它可以帮助你消除所有与他人亲近的障碍。

我们都在不断进步，永远不会停止改变。多学习一些心理学理论，看看在哪些特定时刻可以应用到自己身上。这本书中的一些理论会对你很有用，也许你内心深处一直都明白但没办法用语言表达出来。有些理论也许你现在还接受不了，或者觉得不适合你，这也没关系。

我不能保证读完这本书就能“改变你的人生”，这一点我从一开始就想说清楚。如果你能改变旧的行为模式和沟通方式，并且养成新的习惯，那就证明书中的一些内容对你有用。我希望这本书能激励你审视你的信念系统和你看待生活的方式，帮助你决定哪些可以保留（希望是大部分），同时给你提供一些思路，让你知道哪些新的习惯对你有益。我水平有限，如有错漏之处，希望能得到你的谅解。在我的上一本书《真希望我父母读过这本书》的后记中，我说“原谅自己并意识到我们都尽了最大的努力，可以让亲子关系更美好、更牢固”。在这本书中，我想说，原谅自己的错误，也原谅别人的错误。如果这本书没有谈到你迫切需要解决的问题，请给我发邮件，我会尽我所能回答你——要么在我的专栏里，要么在另一本书里。

致谢

我要表达很多感谢。首先感谢基石出版社（Cornerstone Press），感谢安娜·阿格尼奥和威尼西亚·巴特菲尔德，没有他们，这本书就不可能诞生。我爱我的编辑们，他们热情大方，敢于说出自己的想法，在我信心不足时不断给我鼓励。感谢我的经纪人卡洛琳娜·萨顿帮我处理合约，也感谢爱丽丝·鲁琴斯和斯蒂芬妮·思韦茨为我出谋划策。

感谢我亲爱的女儿，她一直是我的首批读者。还要感谢我亲爱的心理治疗师同事朱丽安·阿佩尔·奥普尔，我把她分享的想法加入到了这本书里。感谢詹姆斯·阿尔布雷希特和亚历克斯·费恩帮我组织巡回售书活动。感谢简·肖教授和牧师克莱尔·麦克唐纳博士，感谢你们说服牛津副校长邀请我去牛津大学做“傲慢之罪”的宣讲，其中部分内容收录在本书中。感谢我的好朋友娜塔莉·海恩斯，她为这本书的书名提供了很好的建议。也要感谢以下各位：尤兰达·巴斯克斯、乔尼·菲利普斯、埃利斯·布鲁克、理查德·安西特、珍妮特·李、苏珊娜·摩尔、洛娜·格登、理查德·科尔斯、海伦·巴格纳尔，还有我所有的朋友——你们的爱和鼓励对我来说意味着全世界。感谢我在《观察家报》的同事哈丽特·格林、史蒂夫·张伯伦和马丁·洛夫，感谢你们每周都为我精心编辑文章。感谢所有那些勇敢地向我倾诉苦恼的人，你们的问题也帮助我思考生活的应对之道。

最后，我要感谢我最亲爱的丈夫格雷森，感谢他的爱和支持。

菲利帕·佩里

2023年5月15日